AF390684

Nᵒ 40ᵇⁱˢ.

SERVICE INTÉRIEUR

DE LA

GENDARMERIE DÉPARTEMENTALE

(MODÈLES)

Volume mis à jour à la date du 7 juillet 1930.

Avec circulaires parues au *Mémorial de la gendarmerie*.

CHARLES-LAVAUZELLE & Cⁱᵉ

Éditeurs militaires

PARIS, Boulevard Saint-Germain, 124

LIMOGES, 62, Avenue Baudin | 53, Rue Stanislas, NANCY

—

1930

1° RAPPORTS, ÉTATS, ETC...

Format : 31/20.

• CORPS D'ARMÉE

—

• LÉGION
DE GENDARMERIE.

MODÈLE GÉNÉRAL N° 1
modifié le 31 mars 1924.

—

Article 18 du règlement sur le service intérieur.

AVIS de la radiation des contrôles de l'arme des chefs de brigade et gendarmes par suite de décès, retraite, etc.

NOMS.	PRÉNOMS.	GRADES ET RÉSIDENCES.	LIBELLÉ DE LA MUTATION.	OBSERVATIONS.

A M. le Ministre de la guerre (Direction de la Gendarmerie).

Le   19   ,

Le Chef de la légion,

Format : 31/20

CORPS D'ARMÉE

e LÉGION.

COMPAGNIE

SECTION

GENDARMERIE

NATIONALE.

MODÈLE GÉNÉRAL
N° 2
modifié le 3 juin 1922.

Art. 62 du règlement sur le service intérieur.

RAPPORT journalier du   au   19   .

Situation numérique du

	OFFICIERS.					TROUPE													TOTAL DE LA TROUPE.	CHE-VAUX		
						A CHEVAL.						A PIED.										
	Chef d'escadron.	Capitaines.	Lieutenants.	Sous-lieutenants.	TOTAL.	Adjudant chef.	Adjudant.	Mar. des log. chef.	Gendarme.	Élève gendarme.	TOTAL.	Adjudant chef.	Adjudant.	Mar. des log. chef.	Gendarme.	Élève gendarme.	TOTAL.			d'officiers.	de troupe.	TOTAL.
EFFECTIF NORMAL.....																						
Vacances........																						
Détachés........																						
Malades.........																						
A l'hôpital																						
En congé........																						
En permission...																						
En prison (ou en détention).....																						
Manquant à l'appel...........																						
Nouveaux admis au chef-lieu...																						
TOTAL des indisponibles...........																						
RESTE pour le service																						

(INDISPONIBLES.)

Mutations survenues depuis le dernier rapport (1).

		INDISPONIBLES.	DISPONIBLES.
ÉTAT SANITAIRE.	Personnel		
	Chevaux.		
MUTATIONS diverses.			
PERMISSIONS.			

(1) Indiquer successivement : la brigade, le nom, le grade et la mutation. — Séparer par un trait les mutations diverses des permissions. — Les indisponibilités, mutations, permissions sont portées nominativement le jour où elles commencent (colonne de gauche) et le jour où elles finissent (colonne de droite).

ACCUSÉ (1) de RÉCEPTION. — Chaque dossier est désigné par un numéro d'ordre, le nombre de pièces, son numéro d'enregistrement et une analyse très sommaire.	
ENVOI (1) de PIÈCES. — (Mêmes indications que ci-dessus.)	
PUNITIONS. — (Les libellés ne sont pas portés.)	

OBJETS DIVERS.

(1) On ne porte que les pièces reçues de l'échelon supérieur et celles qui lui sont envoyées.

A   , le   19

Le   Commandant l

Format : 31/20.

MODÈLE GÉNÉRAL
N° 3
modifié le 3 juin 1922.

CORPS D'ARMÉE

LÉGION.

COMPAGNIE

d

SECTION

d

GENDARMERIE

NATIONALE.

Art. 62 du règlement
sur le service inté-
rieur.

BRIGADE

d

RAPPORT *journalier du*   *au*   19 .

Situation numérique du

	A CHEVAL.						A PIED.						TOTAL GÉNÉRAL.	CHEVAUX.
	Adjudant chef.	Adjudant.	Mar. des log. chef.	Gendarme.	Elève gendarme.	TOTAL.	Adjudant chef.	Adjudant.	Mar. des log. chef.	Gendarme.	Elève gendarme.	TOTAL.		
EFFECTIF NORMAL.														
Vacances.........														
Détachés.........														
Malades..........														
A l'hôpital.......														
En congé.........														
En permission.....														
En prison (ou en détention)......														
Manquant à l'appel														
Nouveaux admis (au chef-lieu)......														
TOTAL des indisponibles..........														
RESTE pour le service														

Mutations survenues depuis le dernier rapport (1).

		INDISPONIBLES.	DISPONIBLES.
ÉTAT SANITAIRE.	Hommes.		
	Chevaux.		
MUTATIONS diverses.			
PERMISSIONS.			

(1) Indiquer successivement : la brigade, le nom, le grade et la mutation. — Séparer par un trait les mutations diverses et les permissions. — Les indisponibilités, mutations, permissions sont portées nominativement le jour où elles commencent (colonne de gauche) et le jour où elles finissent (colonne de droite) et pendant toute leur durée à la situation numérique.

ACCUSÉ (1) de RÉCEPTION. — Chaque dossier est désigné par un numéro d'ordre, le nombre de pièces et une analyse sommaire.	1° De la section	
ENVOI (1) de PIÈCES. — (Mêmes indications que ci-dessus.)	1° A la section	
PUNITION — (Les libellés ne sont pas portés.)		

OBJETS DIVERS.

———

(1) Indiquer successivement les autorités. Mentionner sans exception toutes les pièces concernant le service reçues ou envoyées.

A   , le   19

Le   *Commandant la brigade,*

Format : 31/20.

MODÈLE GÉNÉRAL Nº 4.

• CORPS D'ARMÉE

e LÉGION.

COMPAGNIE

d

GENDARMERIE

NATIONALE.

Annexe I du règlement sur le service intérieur.

ÉTAT NOMINATIF des membres de la Légion d'honneur, ou décorés de la médaille militaire, qui ont reçu cette distinction avec droit au traitement, décédés pendant le ° trimestre 19 .

NOMS ET PRÉNOMS des légionnaires et médaillés décédés.	GRADES, CORPS ou services.	EN ACTIVITÉ, en non-activité, en réformé, en retraite ou toute autre position.	GRADES DANS L'ORDRE et dates des nominations à ces grades.	DOMICILES — DATES et lieux des décès.	OBSERVATIONS.

A , le 19 .

Le Commandant la compagnie d

Format : 31/20.

MODÈLE GÉNÉRAL
Nº 5.
—
Art. 202 du règlement sur le service intérieur.

GENDARMERIE NATIONALE.

^e LÉGION.

COMPAGNIE d

SECTION d

LISTE des chevaux que leurs propriétaires demandent à faire tondre.

NOMS des DÉTENTEURS.	GRADES.	NOMS et AGE des chevaux.	AVIS du COMMANDANT d'arrondissement.	DÉCISION du COMMANDANT DE COMPAGNIE.

A   ; le   19

Le   *Commandant la section,*

NOTA. — Le commandant de section établit le présent état d'après les demandes formulées au rapport journalier.

Format : 31/20.

GENDARMERIE
NATIONALE.
—
LÉGION DE PARIS.
—
COMPAGNIE DE LA SEINE.

MODÈLE GÉNÉRAL
N° 6.
—
Art. 38 du règlement
sur le service de
santé.

RAPPORT SANITAIRE du   19   .

NOMS ET PRÉNOMS.	GRADES.	GENRE DE MALADIE.	DATE DE L'INVASION.	HOMMES.	FEMMES.	ENFANTS.	OBSERVATIONS MÉDICALES.	OBSERVATIONS du COMMANDANT de la compagnie.

Vu : *Le Commandant,*   *Le Médecin*____________,

Format : 31/20

GENDARMERIE NATIONALE

Modèle général
N° 7.

—

Art. 193 du règlement sur le service intérieur.

• CORPS D'ARMÉE

e LÉGION.

Compagnie d

Section d

Brigade d

PROPOSITIONS *de substitutions fourragères.*

NOMS ET GRADES des CAVALIERS.	RÉSIDENCES.	NATURE, DURÉE ET QUOTITÉ de la substitution proposée.	MOTIFS de la PROPOSITION.	AVIS DU COMMANDANT de section.	DÉCISION DU COMMANDANT DE COMPAGNIE

Cet état est adressé pour avis au Conseil d'administration.

A   , le   19   .

Le   chef de poste,

Format : 31/20.

CORPS D'ARMÉE

—

GENDARMERIE
NATIONALE.

—

e LÉGION.

—

COMPAGNIE

d

—

SECTION

d

—

BRIGADE

d

—

Nº

OBJET
au sujet de (1).

MODÈLE GÉNÉRAL Nº 8

—

Art. 136 du règlement
sur le service inté-
rieur.

(A) Feuille simple lorsqu'elle
suffit pour le texte et les
transmissions et qu'au-
cune pièce n'est encar-
tée dans l'envoi.

A le 19 .

RAPPORT.

de (2)

sur (3)

———

Le (4)

(A) (1) Indication suc-
cincte de l'objet du rapport.

(2) Indiquer le grade et
le nom de l'unité comman-
dée.

(3) Indication succincte
du fait pour lequel le
rapport est rédigé.

(4) Indiquer la date et
exposer sommairement les
faits.

NOTA. — Les avis des
chefs hiérarchiques sont
consignés, s'il y a lieu,
à la suite du rapport. Le
nom du chef qui consigne
un avis est mentionné en
tête de cet avis. Pour faciliter la rédaction, les rapports peuvent être faits
sous la forme personnelle
ou impersonnelle.

(A) REMARQUE. — Les in-
dications ci-dessus ne sont
pas reproduites sur les
imprimés eux-mêmes.

(A) (Signature, sans indiquer le grade.)

Format : 31/20.

CORPS D'ARMÉE

—

GENDARMERIE
NATIONALE.

—

e LÉGION.

—

COMPAGNIE

d

—

SECTION

d

—

BRIGADE

d

—

N°

OBJET :
au sujet de (1).

MODÈLE GÉNÉRAL N° 9.

—

Art. 136 du règlement
sur le service inté-
rieur.

(A) Feuille simple lorsqu'elle
suffit pour le texte et les
transmissions et qu'au-
cune pièce n'est encar-
tée dans l'envoi.

A   'le   19 .

Le (2)   commandant

(3) le

au (4)

à

J'ai l'honneur (5)

(A) (1) Indiquer sommai-
rement l'objet de la lettre.

(2) Indiquer le grade et
le nom.

(3) Indiquer l'unité com-
mandée.

(4) Indiquer le grade et
l'emploi. Si la lettre est
adressée au Ministre, ajou-
ter l'indication de la Direction et du bureau dont
relève l'affaire traitée.

(5) Cette formule est pla-
cée soit au début, soit dans
le corps de la lettre.

(A) REMARQUE. — Les in-
dications ci-dessus ne sont
pas reproduites sur les
imprimés eux-mêmes.

(A) (Signature, sans indiquer le grade.)

Format : 31/20
(feuille double).

MODÈLE GÉNÉRAL
Nº 10.
—
Art. 136 du règlement
sur le service inté-
rieur.

CORPS D'ARMÉE
—
GENDARMERIE
NATIONALE.
—
e LÉGION.
—
COMPAGNIE
d
—
SECTION
d
—
BRIGADE
d

Nº

Le(1)

commandant

(1) Indiquer le grade et le nom.

(2) Indiquer l'unité com-mandée.

(3) Indiquer le grade et l'emploi.

le (2)

au (3)

BORDEREAU D'ENVOI (1).

NUMÉROS des pièces.	DÉSIGNATION DES PIÈCES.	NOMBRE de pièces.	OBSERVATIONS.
	TOTAL du nombre de pièces.......		

A   , le   19   .

(Signature, sans indiquer le grade)

Reçu à   , le   19   .

Le *(Grade et nom très lisibles.)*

(Signature.)

(1) S'emploie pour toutes les transmissions de pièces et documents au sujet desquels l'expé-diteur n'a pas d'avis à émettre ; il doit former chemise.

Format : 31/20

GENDARMERIE
NATIONALE.

MODÈLE GÉNÉRAL
Nº 11.
—
Art. 160 du règlement
sur le service inté-
rieur.

ᵉ LÉGION. — COMPAGNIE D

SECTION D

BRIGADE D

LIBELLÉ d'une punition infligée au
de la résidence d

DATES.	Arrêts simples.	Arrêts de rigueur.	PAR QUI INFLIGÉES.	MOTIFS.	OBSERVATIONS.

A , le 19 .

Le Chef de légion,

Enregistré à la compagnie............
—   à la section ....
—   à la brigade.............
Pris connaissance. — *L'intéressé,*
Retour à la légion.............

Format : 31/20.

•CORPS D'ARMÉE.

• LÉGION
DE GENDARMERIE.

MODÈLE GÉNÉRAL
Nº 12.
—
Art. 171 du règlement
sur le service inté-
rieur.

COMPTE RENDU NOMINATIF DE PUNITIONS

INFLIGÉES A DES MILITAIRES DE L'ARME.

NOMS ET PRÉNOMS.	GRADES ET RÉSIDENCES.	NATURE ET DURÉE des punitions.	MOTIFS.	OBSERVATIONS.

A , le 19 .

Le Chef de Légion,

Format : 31/20.

Recto.

MODÈLE GÉNÉRAL
N° 13.

e **LÉGION.**

COMPAGNIE

d

SECTION

d

GENDARMERIE

NATIONALE.

Art. 160 du règlement sur le service intérieur.

(*) Grade, noms, prénoms résidence.

RELEVÉ du folio de discipline et de bonnes notes concernant le (*)

DATES.	NOMBRE de jours de		PAR QUI infligées.	MOTIFS.	BONNES NOTES et OBSERVATIONS.
	Arrêts simples.	Arrêts de rigueur.			
A reporter....					

PUNITIONS.

DATES.	PUNITIONS.		PAR QUI infligées.	MOTIFS.	BONNES NOTES et OBSERVATIONS.
	NOMBRE de jours de				
	Arrêts simples.	Arrêts de rigueur.			
Report..					(1) Le... (grade et nom) mérite un certificat de bonne conduite n°... (1 ou 2).
TOTAUX..					
Total général.					

(1) Cette mention doit être écrite à la main par les commandants de section, de compagnie et chefs de légion, et seulement pour les relevés du folio de discipline produits à l'appui des demandes de retraite, de réforme pour inaptitude ou d'offre de démission.

CERTIFIÉ véritable par le commandant l

A

Format : 31/20.

MODÈLE GÉNÉRAL N° 14

Art. 83 du règlement sur le service intérieur.

e CORPS D'ARMÉE

GENDARMERIE NATIONALE.

e LÉGION.

COMPAGNIE d

SECTION d

BRIGADE d

ÉTAT DESCRIPTIF.

CASERNEMENT

de la brigade de gendarmerie à   *de la résidence*
de

^x A CHEVAL *ou* A PIED.

ÉTAT DESCRIPTIF

du casernement proposé pour la brigade à ^x

de la résidence de   , composée de   hommes

Renseignements et descriptions.

1° Il s'agit d'un renouvellement de bail. Loyer annuel de l'ancien bail : 1.800 francs.

(Mettre ici les intercalaires nécessaires pour le détail des renseignements et de la description.)

Indiquer dans le texte :

1° Le motif qui nécessite le changement de casernement ou bien, s'il s'agit d'un renouvellement de bail ou d'un immeuble départemental, prix de l'ancien bail :

2° Le lieu où le casernement est situé ;

3° Les noms, qualités et adresse du propriétaire ;

4° Les prix du loyer, le temps pour lequel le bail est proposé et la date à laquelle il doit commencer à prendre cours ; justifier les longues durées au bail ;

5° La composition du casernement : surface totale, surface de la cour et des jardins, s'il y en a, bâtiments divers avec leur destination et leur orientation ;

6° Si le casernement a des communications nuisibles au service et s'il doit être mis en totalité à la disposition de la brigade ;

7° Si l'accès du casernement est de nature à éviter les indiscrétions relatives aux opérations des gendarmes et s'il est à proximité des routes et des lieux où ils doivent exercer plus particulièrement leur surveillance ;

8° La distribution générale du bâtiment d'habitation, si le rez-de-chaussée est sur caves ou isolé des terres d'une autre façon, s'il existe des combles, comment les logements sont séparés entre eux, la composition en chambres à feu, autres chambres, cabinets, vestibule, etc. de chaque logement, l'énumération des autres pièces (bureau du chef de brigade, bureau de service, etc.), le cubage d'air et l'exposition de chaque pièce par rapport à la direction des points cardinaux, s'il existe des râteliers d'armes garnis de drap au support du canon avec boîte fermant à clef pour contenir les munitions ;

9° S'il existe deux chambres de sûreté, des latrines distinctes pour les deux sexes avec fosses parfaitement étanches, une buanderie avec salle de bains et douches, faire un exposé sommaire de la situation et de l'installation de ces pièces, s'il existe des caves, greniers, séchoirs, bûchers, etc., et comment sont situés ces locaux ;

10° S'il existe dans la caserne de l'eau potable, en indiquant sa provenance et si l'analyse en a été faite, si la citerne est parfaitement étanche et munie d'un filtre, si les puits sont à l'abri de toute infiltration malsaine et s'ils sont munis de pompes, comment se fait l'évacuation des eaux sales et l'enlèvement des détritus ménagers ;

11° La disposition des écuries, si elles satisfont quant à l'orientation, à l'aération, aux dimensions et à l'ameublement, aux conditions indiquées dans la notice sur le casernement, s'il y a une écurie-infirmerie ou d'isolement et comment elle est située et meublée, si les greniers et hangars sont assez spacieux pour contenir l'approvisionnement réglementaire en fourrages et comment ils sont situés, si la fosse à fumier est étanche et éloignée des logements et de l'écurie ;

12° Les constructions, améliorations, réparations et nouvelles distributions que comporte le casernement et approximativement la dépense qu'elles devront occasionner (spécifier à part les travaux qui pourraient être faits pendant la durée du bail) ;

13° Si le propriétaire s'engage à contracter une assurance contre l'incendie et à munir le casernement d'extincteurs d'incendie pour les premiers dangers.

OBSERVATIONS PARTICULIÈRES.

On doit veiller avec soin à ce que les constructions, réparations, améliorations et nouvelles distributions dont le casernement est susceptible, soient indiquées avec détail (dimensions des pièces, nature des matériaux, etc.) dans le bail, et à ce que le propriétaire s'oblige à les faire effectuer dans un délai déterminé.

Renseignements et description (*suite*).

Certifié véritable le présent état par moi x
commandant la section

Vu :

Le commandant de la compagnie,

Observations du chef de légion.

Format : 31/20.

GENDARMERIE
NATIONALE.

—

e LÉGION.

Bail de la maison de M.
                    pour le
casernement de la brigade
à   d

ANNÉES.

—

Du
au

—

Prix :

—

(*a*) Préfet du département d   *ou* sous-préfet de l'arrondissement d   autorisé à cette fin par le préfet du département d

(*b*) Commandant la gendarmerie de ce département, *ou* (2)   de gendarmerie, autorisé à cette fin par le chef d'escadron commandant la compagnie d

(*c*) Indiquer la qualité ou profession de celui qui stipule; mentionner s'il agit en son nom ou pour le compte d'autrui.

(*d*) Nommer le propriétaire, si c'est un mandataire qui stipule.
(*e*) A cheval ou à pied.
(*f*) Telle rue, sur la place de   ou près de   , etc.

(1) A moins de conditions exceptionnelles favorables à l'installation d'une caserne de gendarmerie, les baux ne doivent être, que de trois, six ou neuf années consécutives

(2) Grade de l'officier.

NOTA. — Le présent modèle n'est donné qu'à titre d'indication pour l'officier de gendarmerie qui doit assister le préfet ou le sous-préfet dans la passation des baux, et ne saurait avoir rien d'absolu.

MODÈLE GÉNÉRAL
N° 15

Art. 83 du règlement sur le service intérieur.

BAIL.

DÉPARTEMENT d

BRIGADE d

L'an mil   le
en exécution de l'arrêté des Consuls du 24 vendémiaire an XI, et d'après l'instruction du Ministre de la guerre, en date du 18 brumaire suivant,
Nous (*a*)

agissant au nom et pour le compte dudit département,
Assisté de M. (*b*)

d'un part,
Et M. (*c*)

domicilié
, d'autre part;
Sommes respectivement convenus de ce qui suit :
M.   donne au département, par bail à loyer (1) de   années consécutives, un immeuble dont il (*d*)   est propriétaire à   , pour le casernement de la brigade de gendarmerie (*e*)   de cette résidence; lequel immeuble est situé (*f*)
et se compose :

Description de l'objet :

Le tout, sous les clauses et conditions ci-après stipulées :

ARTICLE PREMIER.

Le prix du loyer annuel du dit immeuble demeure fixé, pour toute la durée du présent bail, à la somme de   payable sur mandats du préfet, délivrés à l'expiration de chaque semestre sur les fonds du département, à compter du jour de l'entrée en jouissance, qui (g)   le

ART. 2.

Le propriétaire s'oblige :

1° A livrer et tenir constamment en bon état le dit casernement et son ameublement fixe ou mobile, dont il (h)   dressé procès-verbal de visite avant son occupation ou la prise de possession par la brigade ; une expédition de ce procès-verbal sera remise au commandant de la gendarmerie, pour qu'en fin de jouissance les lieux et l'ameublement soient rendus dans le même état qu'ils auront été livrés, sauf le dépérissement provenant de l'usage ;

2° A tenir en bon état et à renouveler, quand il y aura lieu, le drapeau en étamine de laine et la plaque portant l'inscription : « *Gendarmerie nationale* », qui doit se rapprocher autant que possible des inscriptions indiquant les noms usuels adoptés pour les casernes de toutes armes ; à faire peindre un numéro sur la porte de chaque logement ainsi qu'une inscription sur les locaux qui ne sont pas occupés individuellement par les gendarmes (*Bureau du chef de brigade, Buanderie, Écurie, Sellerie, Chambre de discipline, Chambre de sûreté, etc.*).

3° A faire exécuter, dans un délai de à partir du   les (i)   indiquées ci-après, qui sont nécessaires pour assurer d'une manière convenable le casernement de la brigade, savoir :

ART. 3.

Les réparations locatives prévues à l'art. 1754 du Code civil sont laissées à la charge du bailleur. Les seules réparations à mettre à la charge des sous-officiers et gendarmes sont celles qui résultent des dommages et dégâts du fait des militaires de cette arme.

Le commandant de gendarmerie tiendra la main à ce que les dégradations de cette dernière catégorie soient réparées, en temps utile, aux frais des occupants, pour la portion du local que chacun d'eux aura occupée, et aux frais de tous pour les parties qui sont d'un usage commun.

Il entre dans les obligations du bailleur de faire blanchir à la chaux alunée tous les trois ans, les corridors, escaliers, chambres, etc., et de renouveler les peintures tous les cinq ou six ans (y compris blanchiments et peintures des armoires et placards).

Toutefois lorsqu'un chef de brigade ou gendarme quittera sa résidence après deux ans expirés, à partir de la date du dernier blanchiment ou de la réfec-

---

(g) Aura lieu *ou* a eu lieu.

(h) Sera *ou* a été.

(i) Les réparations ou constructions, améliorations ou changements de distribution.

tion des peintures, le propriétaire sera tenu de blanchir le logement laissé vacant et en lessiver, rafraîchir ou renouveler les peintures avant l'arrivée du successeur.

Le nettoyage des cheminées, chaque année, avant le 1er novembre, la vidange des fosses d'aisance, le curage des puits d'alimentation, citernes, égouts, canalisations, puits perdus et l'enlèvement des détritus ménagers sont également laissés à la charge du propriétaire (1).

ART. 4.

Le Préfet pourra ordonner l'exécution d'office, aux frais du propriétaire, de toutes réparations locatives reconnues indispensables par le commandant de la compagnie, ainsi que des travaux d'entretien et de renouvellement prévus dans le présent bail, lorsque le dit propriétaire ne fera pas exécuter les réparations et travaux dans le délai de temps qui lui sera fixé par la demande ou qui est déterminé par le bail.

La dépense afférente à ces travaux fera l'objet d'une retenue sur le premier mandat semestriel à venir.

ART. 5.

Le propriétaire, qui reste chargé du paiement de la contribution foncière, ne sera tenu à aucune avance pour la contribution des portes et fenêtres, celles de ladite caserne ne devant pas y être soumises tant qu'elle sera employée à un service public, conformément au deuxième paragraphe de l'art. 5 de la loi du 4 frimaire an VII.

ART. 6.

Le propriétaire s'engage à munir la caserne d'extincteurs d'incendie, à les entretenir, et à contracter les assurances nécessaires, pour l'immeuble, contre les incendies.

ART. 7 (2).

La résiliation du bail ne pourra s'opérer qu'à la fin de l'un des deux premiers ternaires, et au moyen d'un avertissement donné trois mois à l'avance. La neuvième année révolue, le bail cessera de droit d'avoir son effet, sans que la continuation de jouissance, après la neuvième année, puisse servir de titre pour établir un nouveau bail de trois années ou pour la tacite reconduction.

---

(1) On devra indiquer ici à qui incombe, d'après les usages établis, le paiement de la concession d'eau.

(2) Cet article n'est applicable qu'aux baux passés pour trois, six ou neuf années. Dans tous les autres cas, il sera remplacé par celui-ci :

« La dernière année révolue, le bail cessera de droit d'avoir son effet, sans que la continuation de jouissance puisse servir de titre pour la tacite reconduction. »

ART. 8.

Si les circonstances exigeaient le changement de résidence de la brigade dans le courant (*j*)

il sera accordé au propriétaire une indemnité égale à trois mois du loyer stipulé, s'il reste encore six mois et plus à échoir sur ce (*k*)

Mais si la brigade, sans changer de résidence, venait à changer de logement avant l'expiration (*l*)

le propriétaire conserve tous ses droits pour l'obtention de l'indemnité fixée par la loi.

ART. 9.

En cas de cession ou de vente des objets livrés, ou du décès du bailleur, les cessionnaires, acquéreurs ou héritiers, seront tenus de maintenir les clauses et conditions stipulées par le présent bail, lequel n'aura son exécution définitive qu'après avoir reçu l'approbation du ministre de la guerre.

ART. 10.

Le présent sera établi en double minute, dont l'une sera remise au propriétaire et l'autre déposée à la préfecture.

Fait (*m*)

à   les jour, mois et an que dessus, et ont signé :

(*j*) D'un des ternaires du bail *ou* dans le courant du bail.

(*k*) Ternaire *ou* bail.

(*l*) D'un des ternaires du bail *ou* du bail.

(*m*) En l'hôtel de la préfecture du département d , *ou* en l'hôtel de la sous-préfecture de l'arrondissement d

Nota. — Lorsque le sous-préfet aura passé le bail, cet acte devra être visé et approuvé par le préfet.

Format : 31/20.

GENDARMERIE
NATIONALE.

—

• CORPS D'ARMÉE.

—

ᵉ LÉGION.

—

COMPAGNIE

d

—

SECTION

d

—

BRIGADE A

d

MODÈLE GÉNÉRAL
Nº 16.

—

Art. 85 du règlement
sur le service inté-
rieur.

PROCÈS-VERBAL D'INSTALLATION

Les soussignés (1)

maire de la   d
  Et (1)
(2)   de gendarmerie,
  CERTIFIENT que la brigade à (3)
de gendarmerie créée à
par décision ministérielle du
a été installée (4)   dans la
maison affectée à son casernement et appartenant à (5)   qui en a passé
le bail pour   années (6).

A   , le   19   .

(1) Nom et prénoms
(2) Grade.
(3) A cheval *ou* à pied
(4) Le..... *ou* aujour-
d'hui.
(5) A M..... *ou* au dé-
partement.
(6) Si la caserne appar-
tient au département, cette
dernière ligne sera nulle.

Format : 250/150

SECTION

d —

BRIGADE

d

MODÈLE GÉNÉRAL
Nº 17.

Art. 85 du règlement
sur le service inté-
rieur.

GENDARMERIE NATIONALE.

EXTRAIT *de l'état des lieux pour le logement nº*

RATELIER d'armes								OBSERVATIONS.

Le   occupant le logement,   Le Commandant de la brigade,

Format : 31/20.
(Feuille double tracée à la main)

═════════════════════

• CORPS D'ARMÉE.
—
 LÉGION.
—
COMPAGNIE

d
—
SECTION

d
—
BRIGADE

d

MODÈLE GÉNÉRAL
Nº 18.
—
Art. 88 du règlement
sur le service inté-
rieur.

ÉTAT des réparations effectuées au casernement

DATES.	DÉSIGNATION des LOCAUX.	NATURE DES RÉPARATIONS.	OBSERVATIONS

2

Format : 31/20
feuille double.

e CORPS D'ARMÉE

e LÉGION

DE GENDARMERIE.

MODÈLE GÉNÉRAL
Nº 19.

Art. 140 du règlement
sur le service inté-
rieur.

COMPAGNIE d

SECTION d

BORDEREAU énumératif des pièces jointes à la demande en mariage du (1)

à

NUMÉROS d'ordre.	DÉSIGNATION DES PIÈCES.	NOMBRE.	OBSERVATIONS.
1	Rapport du commandant de la section (2).....		
2	Demande de l'intéressé......................		
3	Rapports des commandants de brigade		
4	Certificat de bonne vie et mœurs de la fu- ture...		
5	Acte de naissance de la future et autres piè- ces de l'état civil la concernant, s'il y a lieu, en cas de mariage antérieur................		

Age de la future.....................
Profession et gain journalier......
Apport. { Mobilier et trousseau...
Argent.................
Biens fonds............
Valeurs................
Espérances............

(1) Grade et nom.

A , le 19

(2) Pour les chefs de brigade.

Le commandant

NOTA. — Lorsque la future est fonctionnaire, titularisée à titre définitif, dans une administration publique, les rapports du commandant de sec- tion ou des commandants de brigade et le certificat de bonne vie et mœurs sont remplacés par un certificat d'exercice établi comme il est dit à l'ar- ticle 140. (Modification du 8 octobre 1918, *B. O.*, p. 3053.)

Format : 31/20.

MODÈLE GÉNÉRAL
N° 20.

Art. 96 du règlement
sur le service inté-
rieur.

GENDARMERIE NATIONALE.

LÉGION.

COMPAGNIE d

SECTION d

BRIGADE à   d

CAHIER D'INSTRUCTION

Tenu par le gendarme

Format : 31/20.

GENDARMERIE NATIONALE.

MODÈLE GÉNÉRAL
Nº 21

Annexe I du règle-
ment sur le servic[e]
intérieur.

• CORPS D'ARMÉE

2ᵉ TRIMESTRE.

M. X..., entrepreneur.

• LÉGION. — COMPAGNIE D

SECTION D

BRIGADE D

BON des quantités de denrées de fourrages livrées dans le magasin de la brigade pendant le 2ᵉ trimestre d . 19 .

DATES des LIVRAISONS.	NATURE des ENTRÉES.	NOMBRE DE RATIONS Foin, à	Paille, à	Avoine, à			NOMS et grades des cavaliers.	NOMBRE des rations consommées. Foin, à	Paille, à	Avoine, à		MUTATIONS sommaires.
1ᵉʳ avril.	Restant suivant le bon précédent..	150	150	150	»	»	Petit, brigad.	90	90	90	»	S. M.
5 avril	1ʳᵉ livraison.....	150	150	150	»	»	Dubois, gend.	90	90	90	»	S. M.
5 mai.	2ᵉ id.	150	150	150	»	»	Prot, gend.	90	90	90	»	S. M.
4 juin.	3ᵉ id.	150	150	150	»	»	Vicq, gend.	90	90	90	»	S. M.
10 juin.	Excédent constaté	»	»	5	»	»	Lajoux, gend.	88	88	88	»	Nouvel admis, arrivé monté à la brigade le 3 avril.
	Totaux....	600	600	605	»	»	M. X..., lieut.	1	1	1	»	En inspection inopinée le 19 avril.
30 juin.	Rations consom- mées.........	455	450	450	»	»	Mérat, gend.	1	1	1	»	Ordonnance de M. le lieut. X..., en inspection inopinée, le 19 avril.
							Manquant consta- té le 10 juin.	5	»	»	»	Rations à imputer brigadier Petit.
Restant en magasin à la fin du mois, à reprendre sur le bon suivant.........		145	150	155	»	»		455	450	450	»	

Certifié conforme aux inscriptions portées sur le registre de[s] fourrages.

A , le 19 .

Le Commandant de la brigade,

Vu et transmis :
Le Commandant de section,

2° REGISTRES.

REGISTRES COMMUNS.

Format : 31/20.

Modèle Nᵒ 1
commun à la légion,
à la compagnie, à
la section et à la
brigade.

Annexe I du règle-
ment sur le service
intérieur.

GENDARMERIE NATIONALE.

ᵉ LÉGION.

REGISTRE A BARRETTES DES ORDRES DU JOUR,

Format : 31/20.
ou commercial.

MODÈLE N° 2
commun à la légion
à la compagnie ,à
la section et à la
brigade.

—

Annexe I du règle-
ment sur le service
intérieur.

GENDARMERIE NATIONALE.

° LÉGION.

.REGISTRE COPIE DE LETTRES

*de correspondance (lettres, rapports, télégram-
mes, etc., envoyés).*

Le présent registre, contenant   feuillets, a été coté et
paraphé par moi, commandant

A   , le   19   .

Format : 31/20.

Modèle n° 3
commun à la légion,
à la compagnie et
à la section.

—

Annexe I du règle-
ment sur le service
intérieur.

GENDARMERIE NATIONALE.

ᵉ LEGION.

REGISTRE ANALYTIQUE

d'enregistrement des lettres, télégrammes, ordres
et pièces diverses reçus et transmis.

Le présent registre, contenant   feuillets, a été coté et
paraphé par moi, commandant

A   , le   19 .

Nota. — Le registre sert : 1° à enregistrer toutes les lettres, notes, ordres, etc... reçus; 2° à enregistrer les transmissions qui ne nécessitent pas un avis motivé, ainsi que les envois de pièces sans transmission.

Toute pièce dont la transmission n'exige que les mots : « pour exécution » ne doit figurer qu'au présent registre, même pour le renvoi.

Lorsqu'il y a des instructions à donner ou des explications à fournir, on doit se servir du registre de correspondance (modèle n° 2), mais le numéro de la réponse ou du renvoi doit figurer au présent registre dans la colonne.

NUMÉRO D'ORDRE.	DATE DE LA PIÈCE	NUMÉRO DE LA PIÈCE.	SIGNATAIRE.	ANALYSE	SUITE DONNÉE (Classement, destination, n° et date de transmission, etc.)

Format : 31/20
ou commercial.

MODÈLE Nº 4
commun à la légion,
à la compagnie et
à la section.

Annexe I du règle-
ment sur le service
intérieur.

GENDARMERIE NATIONALE.

⸱ LÉGION.

REGISTRE COPIE DE LETTRES CONFIDENTIEL

pour la correspondance ayant un caractère confidentiel ou secret
(personnel des officiers, mobilisation, réquisition, espionnage)

Le présent registre, contenant   feuillets, a été cotée
paraphé par moi, commandant l

A   , le   19 .

Format 400/275.

(1) Compagnie d
ou
« bataillon,
« compagnie
ou
« escadron
} pour la légion de la garde républicaine.

GENDARMERIE
NATIONALE.

• LÉGION.

MODÈLE Nº 5
commun à la légion
et à la compagnie,
modifié le 14 octobre 1922.

Annexe I du règlement
sur le
service intérieur.

(1)

FOLIOS MOBILES DU PERSONNEL (TROUPE).

Instruction pour l'établissement et la tenue des folios mobiles du personnel (troupe).

Les folios mobiles établis par le trésorier en deux expéditions (une pour la légion l'autre pour la compagnie) seront maintenus dans des registres à barrettes, et placés par section et par brigade, dans l'ordre de l'annuaire, chaque registre contenant cent vingt-cinq folios environ, de manière à ne pas scinder les sections autant que possible.

Une feuille de papier bulle fort, portant l'indication de la section et de la brigade, formera séparation entre chaque brigade.

Ces feuilles, destinées à faciliter les recherches dans chaque registre, recevront sur le bord droit et à des hauteurs variables, une fiche en parchemin gommé de deux centimètres de largeur et qui débordera les folios de trois centimètres environ. On inscrira sur chaque fiche l'indication de la brigade. La feuille de séparation destinée à la première brigade de chaque section, ainsi que la fiche en parchemin de ladite feuille, seront de couleur vert pâle, de telle sorte qu'en ouvrant un registre on puisse distinguer de suite le commencement et la fin d'une section, sans qu'il soit nécessaire d'avoir recours à une table alphabétique.

Chaque feuille du personnel suivra le militaire dans ses changements successifs. En cas de radiation des contrôles, lesdits folios seront placés dans les archives de la légion à brûler après 20 ans (règlement sur l'administration et la comptabilité).

Si l'homme vient à être réadmis dans l'arme, ces folios seront adressés à sa nouvelle légion.

Les mutations, promotions, décorations, changements dans la situation de famille, etc., seront inscrits trimestriellement sur le vu de l'état de rectification établi par le trésorier.

Ce bulletin sera envoyé successivement pour émargement, et par l'intermédiaire du commandant de section : à la brigade (pour le livret individuel), à la section (pour le folio du personnel), à la compagnie et à la légion (pour le folio du personnel), puis retourné au trésorier.

Les notes données chaque année par le commandant de la compagnie, par le chef de légion et par l'inspecteur général seront reportées sur les folios comme il va être indiqué ci-après :

Aussitôt son travail d'inspection terminé, le commandant de la compagnie annote ses folios. Ceux de la légion lui sont adressés pour recevoir copie des mêmes notes. Le chef de légion annote, au moment de sa revue, les folios du chef de légion et les adresse au commandant de la compagnie, pour que ce dernier reproduise les notes du chef de légion sur les folios du commandant de la compagnie. Pour la revue du général inspecteur, les folios du chef de légion sont remis, dans chaque chef-lieu de section, à l'inspecteur général.

L'inspecteur général les annote et les adresse au commandant de compagnie, qui les renvoie au chef de légion, après avoir porté les notes de l'inspecteur sur les folios de la compagnie.

<table>
<tr><td colspan="5">MUTATIONS SUCCESSIVES.
(Pour la garde républicaine, inscrire :
le bataillon dans la 2ᵉ col.; la compagnie
dans la 3ᵉ; l'escadron dans la 4ᵉ.)</td><td>N°
matri-
cule.</td><td>NOM : (en bâtarde de 8ᵐᵐ.)</td><td colspan="4">SERVICES DÉCOMPTÉS
AU 31 DÉCEMBRE 19 .
Entré au service le
comme</td></tr>
</table>

Légions.	Compagnies.	Sections.	Brigad⁰ˢ.	Dates d'arrivée		Prénoms : né le , à , canton d , département d , taille , marié le à canton d Nombre d'enfants : dont à sa charge.		ANS.	MOIS.	JOURS.
							Dans le corps de troupe Corps : Grade : Dans la gendarmerie .... Total au 31 décembre 19 .			

GRADES ET EMPLOIS SUCCESSIFS DANS LA GENDARMERIE.

Gendarme
Conduite des automobiles.
Emploi occupé.
Brevet possédé.
décoré de la médaille militaire le
chevalier de la Légion d'honneur le
Nombre de chevrons : de présence.
de blessure.
couleur.
Fourragère.... au titre de

Campagnes : Blessures :
Citations (2):

ENFANTS DE TROUPE.

Prénoms.	Date de la nomination.	Position : Famille, École ou Carnet spécial.

	Emplois occupés par suite de mobilisation aux armées ou aux T. O. E.	EMPLOIS occupés.	INTÉRIEUR, armées ou T. O. E.	Du Au	Ans.	Mois.	Jours.

ANNÉES.	NOTES SUR LA TENUE, LA CONDUITE, L'INSTRUCTION, ETC., du commandant de la compagnie. (Indiquer les propositions, et, par la mention S. P. les militaires désignés pour le service prévôtal.)	du chef de légion. (Indiquer les propositions.)	OBSERVATIONS ET OPINION du général inspecteur d'arrondissement (3).	CHEVAL. Nom, sexe, âge, taille, robe, provenance, date et prix d'achat (1). A. Apte à faire campagne. Impropre à faire campagn' Réformé et vendu le S. P. Service prévôtal.	PRIX d'estimation.
			Secours et gratifications accordés dans l'année (3) :		
			Secours et gratifications accordés dans l'année (3) :		
			Secours et gratifications accordés dans l'année (3) :		
			Secours et gratifications accordés dans l'année (3) :		

(1) Si un cheval venait à disparaître de l'effectif dans l'année même de son immatriculation, on collerait un papillon pour inscrire dans la même case la monture de remplacement.
(2) Indiquer numériquement les citations et blessures en distinguant celles retenues par la commission des inspecteurs généraux
(3) Indiquer très distinctement : les secours; les gratifications (masse de gratificationss); les primes de 50 francs pour conservation de chevaux visées par l'article 2 du décret du 19 juillet 1919 (volume 69 quater).

ANNÉES.	NOTES SUR LA TENUE, LA CONDUITE, L'INSTRUCTION, ETC., du commandant de compagnie. (Indiquer les propositions, et, par la mention S. P. les militaires désignés pour le service prévôtal.)	du chef de légion. (Indiquer les propositions.)	OBSERVATIONS ET OPINION de l'inspecteur général.	CHEVAL. Nom, sexe, âge, taille, robe, provenance, date et prix d'achat (1). A. Apte à faire campagne. Impropre à faire campagn' Réformé et vendu le S. P. Service prévôtal.	PRIX d'estimation.
			Secours et gratifications accordés dans l'année :		
			Idem.		
			Idem.		
			Idem.		
			Idem.		
			Idem.		
			Idem.		

Deux pages semblables en plus.

N° 1239
de la Nomenclature
générale.

(1) Légion, compagnie section.

Format : 0ᵐ,205×0ᵐ,155

N° d'incorporation

GENDARMERIE NATIONALE

CARNET DU PERSONNEL

DE LA

(1)

Prénoms :

Nom :

INSTRUCTION POUR L'ÉTABLISSEMENT ET LA TENUE
DU CARNET DU PERSONNEL.

Le carnet du personnel est tenu aux échelons : légion, compagnie, section. L'exemplaire destiné au commandant de la légion est établi par le trésorier et communiqué aux commandants de compagnie et de section qui en prennent copie.

Ces carnets suivent le militaire dans ses mutations successives. En cas de radiation des contrôles, ils sont classés dans les archives de la légion à brûler après 20 ans.

Si l'homme vient à être réadmis dans la gendarmerie, ses carnets sont adressés à sa nouvelle légion, sur demande de celle-ci.

Les mutations, promotions, décorations, changements dans la situation de famille, secours, sont inscrits trimestriellement, sur le vu de l'état de rectifications établi par le trésorier, conformément aux prescriptions du règlement sur l'administration et la comptabilité.

Les sanctions, récompenses et punitions sont inscrites sur le vu du libellé adressé pour émargement à l'intéressé. Il n'est pas porté de mention « Néant ».

Les autres renseignements sont portés par les différents échelons au fur et à mesure qu'ils parviennent à leur connaissance par le moyen du rapport journalier.

Tous les ans, à une époque fixée par le commandant de la légion, les carnets des trois échelons sont réunis à la section.

Le commandant de section, après avoir porté très lisiblement, au chapitre « Notes », le millésime de l'année qu'il souligne, et la mention « Notes du   , commandant la section », y note le personnel et transmet au commandant de compagnie les carnets de la légion et de la compagnie.

Le commandant de compagnie inscrit les notes sous celles du commandant de section sur ses carnets et ceux de la légion, puis retourne ces derniers au commandant de la légion.

Le commandant de la légion porte ses notes sous celles du commandant de compagnie.

Lorsqu'ils le jugent utile, au cours de leurs inspections, et notamment lorsqu'ils ont à départager des chefs exprimant des avis différents, les généraux inspecteurs portent leur appréciation sous les notes du commandant de la légion.

Les notes des différents échelons sont séparées sur les carnets de la légion et de la compagnie par la mention « Notes du chef d'escadron   , commandant de la compagnie », « Notes du colonel   , commandant de la légion », « Appréciation du général   , inspecteur du   , arrondissement d'inspection ». (L'emploi de timbres en caoutchouc est autorisé.)

Un trait épais sépare les notes de chaque année.

A l'occasion de ce travail, la concordance des inscriptions portées aux carnets des trois échelons est vérifiée et les différences sont signalées sur quart de feuille joint au carnet.

ÉTAT-CIVIL.

Nom :   Prénoms :
Né le   , à   , canton d   départt d
Fils de   et de
Domiciliés à   , canton d   , départt d
Professions (1)
Taille de 1 m.   c.

SITUATION DE FAMILLE.

Marié le   , à Dlle
Domicile de la famille de la femme :   , canton d   départt d
Profession de la femme (mentionner la profession réellement exercée) :
Mariage rompu par (2)   , le
Remarié le   , à Dlle
Domicile de la famille de la femme :   , canton d   , départt d
Profession de la femme (mentionner la profession réellement exercée) :
Mariage rompu par (2)   , le

ENFANTS.

PRÉNOMS.	DATE DE NAISSANCE.	DATE ET NATURE DU FAIT ENLEVANT L'ENFANT A LA CHARGE DE SES PARENTS. (Mentionner s'il est enfant de troupe.)

SECOURS ET LEGS AYANT LE CARACTÈRE D'UN SECOURS ACCORDÉS AU MILITAIRE.

NATURE.							
Date.......							
Montant.....							

(1) Mentionner toutes les professions exercées avant l'admission dans l'arme.
(2) Décès ou divorce.

ÉTAT DES SERVICES.

A. — DANS LES CORPS DE TROUPE.

Incorporé le   au (1)   , comme (2)
Libéré le   , comme (2)   Total des services : ans   mois   jours
Emplois spéciaux occupés :

B. — DANS LA GENDARMERIE.

Admis dans la gendarmerie par Décision ministérielle du
Serment prêté le   devant le tribunal de 1re instance d
Élève gendarme à (3)   le   Rayé des contrôles par D^{on} m^{le} du
Gendarme à   le   A obtenu un certif. de bonne cond. n°
Mar. des log. chef à   le   Réadmis par D^{on} m^{le} du
Adjudant à   le   Rayé des contrôles par D^{on} m^{le} du
Adjudant-chef à   le   A obtenu un certif. de bonne cond. n°
Annuités au 31 déc. de l'année (4) 19   } Active
                                          } Réserve

AFFECTATIONS SUCCESSIVES.

LÉGION.	COMPAGNIE.	SECTION.	BRIGADE.	DATE de L'AFFECTATION	MOTIF de la MUTATION.

(1) Corps.
(2) Grade et emploi.
(3) Pied ou cheval.
(4) Porter au crayon la mention de l'année courante et le nombre d'annuités.

RENSEIGNEMENTS MILITAIRES DIVERS.

CAMPAGNES.

NATURE.	DU	AU	ANS.	MOIS.	JOURS.	NATURE.	DU	AU	ANS.	MOIS.	JOURS.
						Report....					
Total à reporter......						Total........					

BLESSURES (COMPTANT POUR UNE ANNUITÉ).

DE GUERRE ou SERVICE COMMANDÉ.	DATE.	NATURE ET CIRCONSTANCE.

ÉCHELON DE SOLDE.

(1)	au échelon le	(1)	au échelon le
	au — le		au — le
	au — le		au — le
	au — le		au — le
	au — le		au — le
	au — le		au — le

(1) Grade.

INSTRUCTION.

1° INSTRUCTION GÉNÉRALE.

MATIÈRES.	A L'ARRIVÉE DANS LA GENDARMERIE.	ULTÉRIEUREMENT (1).
Ortographe..................		
Rédaction..................		
Langues étrangères et idiomes parlés et écrits...........		
Diplômes possédés (2).........		

2° SPÉCIALITÉS.

Conduite des véhicules automobiles	Natation
Moniteur d'instruction physique	Escrime
Armes automatiques	Infirmier

3° PRIX DE TIR OBTENUS.

AN- NÉES.	PISTOLET,		MOUSQURTON.	
	NATURE DE L'ÉPINGLETTE	MONTANT.	NATURE DE L'ÉPINGLETTE.	MONTANT.

(1) No porter d'inscription en ce qui concerne l'instruction que lorsqu'elle est jugée suffisante.
(2) Diplômes sanctionnant l'instruction générale exclusivement.

RÉCOMPENSES.

1° ANTÉRIEUREMENT A L'ARRIVÉE DANS L'ARME.

CITATIONS......		
FOURRAGÈRES..	Couleur :	Au titre du
CHEVRONS......	Blessures :	Présence au front :

2° DÉCORATIONS.
ANTÉRIEURES ET POSTÉRIEURES A L'ARRIVÉE DANS L'ARME.

FRANÇAISES.	ÉTRANGÈRES.

3° PRIMES DE CONSERVATION DES CHEVAUX.

ANNÉES					

4° DEPUIS L'ARRIVÉE DANS LA GENDARMERIE.

FÉLICITATIONS ÉCRITES DES OFFICIERS. — FÉLICITATIONS A L'ORDRE DE LA LÉGION. — GRATIFICATIONS, LEGS OU DONS AYANT UN CARACTÈRE DE RÉCOMPENSES. — CITATIONS AUX ORDRES.

(Les diverses récompenses sont inscrites ci-dessous dans l'ordre chronologique; une mention à l'encre rouge « RETENUE » indique les citations retenues par la Commission.)

DATE.	NATURE ET ÉVENTUELLEMENT montant.	AUTORITÉ QUI L'A ACCORDÉE.	MOTIF OU LIBELLÉ.

DATE.	NATURE ET ÉVENTUELLEMENT montant.	AUTORITÉ QUI L'A ACCORDÉE.	MOTIF OU LIBELLÉ.

DATE.	NATURE ET ÉVENTUELLEMENT montant.	AUTORITÉ QUI L'A ACCORDÉE	MOTIF OU LIBELLÉ.

PUNITIONS.

DATE.	NOMBRE DE JOURS.		AUTORITÉ QUI L'A INFLIGÉE. (Grade, nom, emploi.)	MOTIF. — (Faire précéder le motif du grade du militaire puni.)
	Arrêts simples	Arrêts de rigueur.		
Total à reporter.				

DATE.	NOMBRE DE JOURS.		AUTORITÉ QUI L'A INFLIGÉE. (Grade, nom, emploi.)	MOTIF. — (Faire précéder le motif du grade du militaire puni.)
	Arrêts simples	Arrêts de rigueur.		
Report.				
Total..				

RENSEIGNEMENTS SANITAIRES.

INDISPONIBILITÉS.						DIAGNOSTIC.
MALADE.				EN CONGÉ		
à la chambre ou à l'infirmerie		à l'hôpital		du convalescence		(Faire suivre de la mention S. C. à l'encre rouge si la blessure a été reçue, ou la maladie contractée, en service commandé.)
du	au	du	au	du	au	

INDISPONIBILITÉS.						DIAGNOSTIC.
MALADE.				EN CONGÉ		
à la chambre ou à l'infirmerie		à l'hôpital.		de convales-cence.		(Faire suivre de la mention S. C. à l'encre rouge si la blessure a été reçue, ou la maladie contractée, en service commandé.)
du	au	du	au	dú	au	

NOTES.

MENTIONNER LES PROPOSITIONS POUR L'AVANCEMENT DONT L'INTÉRESSÉ
A ÉTÉ L'OBJET DANS L'ANNÉE.

Année	

NOTES.

Format : 31/20.

1re page. — Couverture.

MODÈLE N° 6
commun à la légion,
à la compagnie, à
la section et à la
brigade.

—

Annexe I du règle-
ment sur le service
intérieur.

GENDARMERIE NATIONALE.

LEGION.

FOLIOS DE DISCIPLINE.

Nota. — Il est consacré un folio à chaque homme et, au besoin, un folio supplémentaire.

Les folios sont classés par ordre alphabétique. On fait figurer sur ces folios tous les déplacements et changements survenus dans la position de l'intéressé (promotion, remise volontaire de grade), les punitions, les bonnes notes et citations. En cas de départ d'un chef de brigade, la mutation est indiquée de la manière suivante : *Nommé maréchal des logis-chef à Lussigny (Oise), le...* (ou) *Passé en la même qualité à Noailles, le...*, puis une barre est tracée sur la largeur du folio au-dessous de cette mutation.

Au-dessous de la mutation on indique, selon les cas, le motif : « convenance personnelle, intérêt du service ».

De plus, le motif de changement dans l'intérêt du service fait ressortir succinctement la cause de la mesure dont l'intéressé est l'objet (mariage, faute commise, etc.).

Les fautes pour ivresse comportent l'inscription à l'encre rouge : première ou deuxième fois.

Les mots « mention honorable, médaille d'honneur » sont soulignés d'un trait rouge.

Le commandant de brigade n'inscrit aucune punition ni bonne note avant d'en avoir reçu le libellé du commandant de section.

Les inscriptions doivent occuper le moins de place possible.

Les punitions levées, échangées ou remplacées par une autre sanction disciplinaire, doivent être barrées dans les colonnes indiquant le nombre de jours de punition, de manière, toutefois, à pouvoir être lues sans difficulté; elles ne doivent pas, dès lors, être totalisées.

Pour faire ressortir les périodes auxquelles se rapportent les punitions, l'année doit être portée en caractères plus gros que ceux des autres inscriptions, sur une seule ligne, dans la colonne « Motifs ». Le jour et le mois seulement figurent dans la première colonne.

Les inscriptions relatives aux changements de résidence sont toujours portées au lieu de départ.

BERTRAND (Jean-Marie), né le 12 mars 1886, à

Admis dans l'arme le 22 mars 1910, comme (gendarme, maréchal des logis-chef).

DATES.	Nombre de jours de		PAR QUI INFLIGÉES.	MOTIFS.	BONNES NOTES et OBSERVATIONS.
	ARRÊTS simples.	ARRÊTS de rigueur.			
			MM.	BRIGADE DE **1910.**	Le 8 avril 1913 mis à l'ordre de la légion pour...
3 juin.	4	»	Capitaine.	Négligence dans sa tenue.	....
1ᵉʳ juillet	2	»	Chef de brigade.	A manqué au pansage.	
10 Id.	4	»	Le chef de légion.	Augmentation de la punition ci-dessus.	À reçu à cette occasion une mention honorable ou une médaille d'argent de 2ᵉ classe.
10 février.	»		Réprimande, Chef de légion.	**1911.** Manque de correction au cours d'une enquête.	
				1912.	(Inscrire le libellé arrêté par le chef de section).
15 mars.	»	»	Chef de brigade.	Pour avoir accepté à dîner étant de service commandé et, par suite, être rentré huit heures en retard.	
17 Id.	»		Ch. d'escadron.	Augmentation de la punition ci-dessus.	Les primes de conservation figurent naturellement dans la case ad hoc du folio modèle nº 5 de la section verso du 2ᵉ feuillet (Mémorial 14/10 1922).
18 Id.	»	10	Le chef de légion.	Changement des punitions ci-dessus.	
TOTAUX.	10	10		*Passé en la même qualité à le 20 août 1912 (convenance personnelle).*	
				BRIGADE DE	

REGISTRES SPÉCIAUX

A LA SECTION

———

Format : 31/20.

MODÈLE N° 5
de la section,
modifié le 14 octobre 1922.

GENDARMERIE

NATIONALE.

Annexe I du règle-
ment sur le service
intérieur.

FOLIO mobile du personnel et des chevaux de la section.

Nom :
Prénoms :   Surnoms :

ÉTAT CIVIL.

—

Né le   1   , à   , canton d   , département
d   , résidant à
canton d   , département
d   , profession d
Fils de   et de   ,
domiciliés à   , canton d   ;
département d   , profession d   ;
Marié le   , à d^lle   ,
alors domiciliée à   , canton d   ,
département d   , profession d   .
(*Autorisation du*
en date du   .)
Mariage rompu le   1   , par
(décès, divorce).
Remarié le   , à d^lle   , alors
domiciliée à   , canton d   ,
département d   , profession d   .
(*Autorisation du*
en date du   .)
Mariage rompu le   1   par
(décès, divorce).

SIGNALEMENT.

Cheveux   , sourcils   , yeux
front   , nez   , bouche
menton   , visage
Taille, lors de l'admission dans la gendarmerie, 1^m   centimètres.
Marques particulières :

Changements
survenus depuis
l'incorporation.   Taille rectifiée :

ENFANTS.

PRÉNOMS.	DATE de la naissance.	DATE et nature du fait enlevant l'enfant à la charge de ses parents.

INDICATION DES RÉSIDENCES SUCCESSIVES ET DES NUMÉROS MATRICULES.

LÉGIONS.	COMPAGNIES.	SECTIONS.	BRIGADES.	DATE D'ARRIVÉE.	NUMÉRO matricule.

DEGRÉ d'instruction au moment de la nomination.
- Lecture..............
- Ecriture............
- Orthographe..........
- Rédaction............
- Calcul..............
- Connaissances diverses.

GRADÉS ET EMPLOIS SUCCESSIFS dans la gendarmerie.

Gendarme :
Conduite des automobiles.
- Emploi occupé
- Brevet possédé

ADMIS A LA SOLDE
- Avant 5 ans le
- Après 5 ans le
- Après 8 ans le
- etc.

PASSAGE dans les différentes réserves et libération.
Passage dans
- la disponibilité le
- la 1re réserve le
- la 2e réserve le

Sera libérable du service militaire le

Emplois occupés par suite de mobilisation ou sur un T. O. E. | Emplois occupés. | Intérieur, armées, ou T.O.E. | Du... au... | Ans. | Mois. | Jours.

DÉTAIL DES TITRES ET POSITIONS DIVERSES

DANS LES DIVERS CORPS DE TROUPE.	DANS LA GENDARMERIE.
(Titre sous lequel a eu lieu l'incorporation. — Rengagements. — Grades, emplois, etc. — Motifs et date de la cessation des services.)	(Emplois et grades obtenus. — Dates des décisions conférant ces grades et emplois. — Changements de corps, etc. — Prestation de serment. — Rengagements successifs.)

Serment prêté le   19

devant le tribunal de première instance de

TOTAL des services dans les corps de troupe :
ans,   mois,   jours.

DANS LES ADMINISTRATIONS CIVILES.

TOTAL des services civils :

	ANS.	MOIS.	JOURS.
TOTAL des services dans la gendarmerie au 31 décembre 1			

MOTIFS ET DURÉE DES INTERRUPTIONS.		ANS.	MOIS.	JOURS.
DÉDUCTIONS à opérer sur la durée des services.	du au			
	du au			
	du au			
	du au			

DATE ET MOTIFS de la cessation des services dans le corps. — Lieu de retraite. — Certificat de bonne conduite obtenu. (Pour les décédés, indiquer le genre de mort et le lieu.)

Se retire à

canton de

département d

Certificat obtenu.

CAMPAGNES.	NATURE ET DATES.	Nom- bre.	NATURE ET DATES.	Nom- bre.	NATURE ET DATES.	Nom- bre.
			REPORT.....		REPORT.....	
	du		du		du	
	au		au		au	
	du		du		du	
	au		au		au	
	du		du		du	
	au		au		au	
	du		du		du	
	au		au		au	
	du		du		du	
	au		au		au	
	TOTAL à reporter...		TOTAL à reporter...		TOTAL GÉNÉRAL..	

BLESSURES	DE GUERRE.	EN SERVICE COMMANDÉ.	
		RETENUES par la commission.	NON RETENUES

MENTIONS HONORABLES
MISES A L'ORDRE DE LA LÉGION.

RETENUES PAR LA COMMISSION.	NON RETENUES

ACTIONS D'ÉCLAT
Citations au *Bulletin officiel du ministère de la guerre.*
Citations à l'ordre de l'armée ou du corps d'armée.

RETENUES PAR LA COMMISSION.	NON RETENUES

DÉCORATIONS	FRANÇAISES.	Nombre de chevrons.	Fourragère..
		de présence (armées)	de blessures
		couleur	au titre de
	ÉTRANGÈRES.		

CHEVAUX.

NUMÉROS MATRICULES.	NOMS et SIGNALEMENTS.	1° Provenance; 2° Origine, 3° Date de la réception; 4° Prix d'acquisition.	ANNÉES.	RENSEIGNEMENTS SUR				ESTIMATION aux inspections générales.	Date et cause de la perte. Prix de vente. — Sommes payées par la masse de remonte: 1° pour indemnité. 2° pour conservation.
				les allures.	les tares principales.	l'aptitude à faire campagne.	la valeur générale.		
	Nom sexe ; ans en 1 ; taille 1ᵐ ; robe	1°							
	Rectification du signalement.	3°							1°
		4°							2°
	Nom sexe								
	Nom sexe								
	Nom sexe								

Format : 31/20.

MODÈLE N° 7
de la section,
modifié le 14 octobre 1922.

GENDARMERIE NATIONALE.

Feuillet de notes.

Annexe I du règlement
sur le service intérieur.

NOM,
PRÉNOMS,
SURNOMS.

Admis dans l'arme le   comme

	ANNÉE	ANNÉE	ANNÉE	ANNÉE
Indication des notes.				
Propositions.				
Prix de tir.				
Secours obtenus.				
Gratifications.				

	ANNÉE	ANNÉE	ANNÉE	ANNÉE
Indication des notes.				
Propositions.				
Prix de tir.				
Secours obtenus.				
Gratifications.				

	ANNÉE	ANNÉE	ANNÉE	ANNÉE
Indication des notes				
Propositions.				
Prix de tir.				
Secours obtenus.				
Gratifications.				

Suite des notes du commandant de section.

	ANNÉE	ANNÉE	ANNÉE	ANNÉE
Indication des notes.				
Propositions.				
Prix de tir.				
Secours obtenus.				
Gratifications				

	ANNÉE	ANNÉE	ANNÉE	ANNÉE
Indication des notes.				
Propositions.				
Prix de tir.				
Secours obtenus.				
Gratifications.				

	ANNÉE	ANNÉE	ANNÉE	ANNÉE
Indication des notes.				
Propositions.				
Prix de tir.				
Secours obtenus.				
Gratifications.				

Format : 31/20.

MODÈLE Nº 8
de la section.

—

Annexe I du règle-
ment sur le service
intérieur.

GENDARMERIE NATIONALE.

° LÉGION.

COMPAGNIE D

SECTION D

LISTES NOMINATIVES
des déserteurs et insoumis signalés.

NOTA. — Ces listes sont réunies au moyen de barrettes.

Liste nominative par brigade des déserteurs et insoumis inscrits.

NOMS (1) et PRÉNOMS.	CLASSE DE RECRUTEMENT ou corps.	RÉSIDENCE ou DOMICILE.	DATE de la DÉSERTION ou de l'insoumission.	DATE de la RADIATION.
BRIGADE D				

(1) Indiquer à gauche du nom, par les lettres D ou I, s'il s'agit d'un déserteur ou d'un insoumis.

Format : 31/20.

MODÈLE Nº 9
de la section.
—
Annexe I du règlement
sur le service inté-
rieur.

GENDARMERIE NATIONALE

SECTION d

LISTES NOMINATIVES

des Légionnaires et des Médaillés.

Feuille de tête.

NOTA. — Ces listes sont réunies au moyen de barrottes (1º légionnaires, 2º médaillés).

Format : 31/20.

(1) { Membres de la Légion d'honneur ou décorés de la Médaille militaire.

LISTE NOMINATIVE PAR BRIGADE

des (1) (membres de la Légion d'honneur ou décorés de la Médaille militaire) *inscrits à la section.*

NOMS et PRÉNOMS. — Grade dans l'armée.	GRADE dans la LÉGION D'HONNEUR (ou médaillé).	DOMICILE.	DATE D'INSCRIPTION.	DATE ET MOTIF DE RADIATION.
BRIGADE D				

Format : 215/160.

MODÈLE Nᵒ 10
de la section.
—
Annexe I du 'règle-
ment sur le service
intérieur.

GENDARMERIE NATIONALE

SECTION D

REGISTRE A BARRETTES

des Médecins, Pharmaciens et Vétérinaires **civils** *donnant gratuitement des soins et des médicaments à la gendarmerie.*

Chaque feuillet est une fiche mobile ne contenant qu'un seul nom et pouvant être facilement enlevée en cas de radiation. En cas de changement de résidence ou de domicile, il est envoyé au nouveau commandant de section.
Les feuillets sont placés par ordre alphabétique.

(Feuille de tête.)

Format : 215/160

MODÈLE N° 10
de la section.

NOMS ET PRÉNOMS.	RÉSIDENCE.	PROFESSION.	DATE de la NAISSANCE.	DATE depuis laquelle la gratuité des soins ou des médicaments est accordée.	OBSERVATIONS. — 1° Récompenses accordées. 2° Dates de l'obtention de ces récompenses.

TABLE ALPHABÉTIQUE.

NOMS ET PROFESSIONS.	DOMICILE ET DATE D'INSCRIPTION.	MOTIF ET DATE de radiation.

REGISTRES SPÉCIAUX A LA BRIGADE.

Format : 215/160.

MODÈLE Nᵒ 3
de la brigade.

Annexe I du règle-
ment sur le service
intérieur.

GENDARMERIE NATIONALE

• LÉGION

COMPAGNIE d

SECTION d

BRIGADE d

REGISTRE A BARRETTES [1]

*des mandats de justice et signalements des personnes recherchées
à la demande des autorités judiciaires ou administratives.*

(Individus nés, domiciliés ou ayant résidé dans la circonscription.)

(Feuille de tête.)

[1] Les mandats et signalements sont classés par lettre alphabétique.

Format : 215/160.

GENDARMERIE NATIONALE

(1) Nom et prénoms.

INDIVIDU à rechercher en vertu d'un mandat de justice ou d'un signalement, né, domicilié ou ayant résidé un certain temps dans la circonscription.

(1) ....

MODÈLE Nº 3
de la brigade.

—

Annexe I du règlement sur le service intérieur.

NATURE ET DATE du mandat. — DATE DE RÉCEPTION.	AUTORITÉ QUI A REQUIS les recherches.	AGE, LIEU DE NAISSANCE, DOMICILE ET PROFESSION DU PRÉVENU. Nature du crime ou du délit. SIGNALEMENT.	DATE (*) des premières recherches. Résultat des poursuites.
d du 19 . Reçu le 19 .		Age : ' ans ; né le 1 à , département d ; Domicile : Profession : Inculpé d Signalement : Taille : 1 m. cent. ; cheveux et sourcils ; front ; visage ; teint ; marques particulières	

(*) Indiquer le numéro et la date du P.-V. établi comme suite de l'enquête faite immédiatement.

TABLE ALPHABÉTIQUE.

NOMS ET PRÉNOMS.	DATES d'inscription.	DATES de RADIATION.	OBSERVATIONS

Format : 215/160.

MODÈLE Nº 4
de la brigade.

Annexe I du règle-
ment sur le service
intérieur.

GENDARMERIE NATIONALE.

· LÉGION ·

COMPAGNIE d

SECTION d

BRIGADE d

REGISTRE A BARRETTES [1]

des déserteurs et insoumis signalés, appartenant à la circonscription.

[1] Les feuillets sont placés par ordre alphabétique.

Nota. — Les noms propres et de communes doivent être lisiblement écrits, ainsi que toutes les parties du signalement.

On ne doit signaler sur ce registre que les déserteurs et insoumis nés, domiciliés ou residant dans les communes intéressées comprise dans la circonscription de la brigade.

Les déserteurs et insoumis sont placés par ordre alphabétique et inscrits à la table.

En cas d'arrestation ou de cessation de recherches par suite d'avis de radiation, la fiche est retirée du registre, annotée dans la colonne « Observations » puis classée aux archives, et le nom du déserteur ou de l'insoumis est rayé sur la liste alphabétique à la fin du registre.

DATE du signalement n° 1 et de réception.	NOMS ET PRÉNOMS, GRADE, CORPS et recrutement auxquels ils appartiennent. — Classe de recrutement.	SIGNALEMENTS.	POSITION MILITAIRE DES PRÉVENUS, date de l'appel ou de l'entrée au service.	DATE de la DÉCLARATION de désertion ou de l'insoumission.	OBSERVATIONS. — Circonstances particulières de la désertion, date de la première recherche et résultat des poursuites. (1)
		Fils de et de domiciliés à canton d département d né le à canton d département d domicilié avant son entrée au service à canton d département d taille d'un mètre millimètres. Cheveux sourcils yeux front nez bouche menton visage profession dernier domicile			

TABLE ALPHABÉTIQUE.

NOMS ET PRÉNOMS.	DATES d'inscription.	DATES de radiation.	OBSERVATIONS

Format : 250/176

MODÈLE Nº 5
de la brigade.

Annexe 1 du règle-
ment sur le service
intérieur

REGISTRE A BARRETTES

des procès-verbaux.

NOTA. — Les expéditions de P. V. placées dans ce registre peuvent être
tirées à la presse à copier.

Format : 31/20.

MODÈLE N° 7
de la brigade,
modifié le 31 mars 1924.

—

Art. 54 et annexe I du
règlement sur le
service intérieur.

BRIGADE D

———

CAHIER MENSUEL DE SERVICE JOURNALIER.

———

Mois d   19   .

———

INDICATIONS SUR LA TENUE DU CAHIER
DE SERVICE.

Le présent cahier doit faire ressortir très exactement le service de toute nature exécuté par la brigade pendant le mois.

Au moment où il commande le service, le chef de brigade porte sur le cahier les noms des hommes commandés, la nature du service et l'heure du commencement de ce service. Il y fait figurer les exercices, théories et corvées spéciales.

Pour les services hors de la résidence, il indique successivement, mais avec précision, au moment du départ, l'itinéraire à suivre. Après l'exécution de chaque service, il complète les inscriptions et mentionne les principales opérations faites et les procès-verbaux établis.

S'il y a des rectifications à faire aux itinéraires ou si des services imprévus sont nécessaires, il les porte à l'encre rouge et en indique les motifs à la rubrique *Observations*. Il fait figurer également sous cette rubrique des indications de détail telles que le cheval que devra prendre un cavalier démonté, la garde d'écurie, etc.

Les gendarmes attestent par leur signature l'exécution des services externes.

Le cahier n'est pas emporté par les gendarmes de service ; l'itinéraire est porté par le chef de poste sur le bulletin de service.

A la suite du cahier de service, le chef de poste énumère chronologiquement ses diverses opérations de contrôle, et les remarques auxquelles elles ont pu donner lieu.

A la fin du mois, le cahier est envoyé au commandant de section, qui y consigne ses observations sur les pages blanches, et, le cas échéant, le retourne au chef de poste pour explications.

Ce document est ensuite adressé pour le 10 du mois au commandant de compagnie.

Celui-ci, après en avoir pris connaissance et avoir formulé ses observations s'il y a lieu, le retourne au commandant de section, qui le classe.

Service du   **Effectif disponible :**

DÉSIGNATION DES SERVICES.	hEURE DE DÉPART.	hEURE DE RENTRÉE.	Distances parcourues C. P. ou B.	NOMS.	SIGNATURES des GENDARMES attestant l'exécution du service externe.
Service externe (visite de communes, transfèrements, escortes, etc.).					
Promenade des chevaux.					(1) Indiquer les heures des trains à visiter.
Service à la résidence (patrouilles, planton à la gare (1), extraction de détenus, etc.).					
Planton.					
Premier à marcher.					
Théorie ou exercice. à h.					

Observations.

Le chef de brigade,

RÉCAPITULATION DU

Page 108

NOMS des COMMUNES.	DISTANCES.	DATES auxquelles elles ont été visitées.		OBSERVATIONS.
		DE JOUR.	DE NUIT.	
				Transfèrements. { Voie de terre.... / Voie ferrée......

Tours de service.

Indiquer par une unité chaque service effectué ; par la lettre P le service de planton ; souligner les services de nuit.

NOMS.	GRADES.	DÉSIGNATION des services.	JOURS PENDANT LESQUELS LES HOMMES ONT MARCHÉ.																													DATES des mutations, DURÉE des absences et des indisponibilités		TOTAUX des services.		Nombre d'heures de service externe.
			1	2	3	4	5	6	7	8	9	10	11	12	13	14	15	16	17	18	19	20	21	22	23	24	25	26	27	28	29	30	31		R.	P.	
X	B°.	R E																																		
T	G°.	R E																																		
Z	Id.	R E																																		
Etc.																																				

Page 109

NOMBRE D'ARRESTATIONS FAITES.	Dus à l'initiative.	Sur plaintes, dénonciations, réquisitions.
I. EN FLAGRANT DÉLIT.		
Fabrication ou émission de fausse monnaie......		
Attroupement qualifié séditieux..............		
Rébellion envers les dépositaires de l'autorité et de la force publique..................		
Outrages et violences envers les dépositaires de l'autorité et de la force publique........		
Détenus évadés.............		
Usurpation de titres ou fonctions. Port illégal d'uniforme ou de décoration............		
Vagabondage.............		
Mendicité.............		
Meurtres ou tentatives.............		
Blessures et coups volontaires. Voies de fait ou violences contre les personnes........		
Attentat aux mœurs.............		
Vol, escroquerie, filouterie.............		
Entraves à la liberté du travail avec violences, voies de fait ou menaces............		
Incendie ou tentative.............		
Contrebande de toute nature.............		
Espionnage.............		
Infraction à un arrêté d'interdiction de séjour ou d'expulsion............		
Autres crimes ou délits.............		
II. EN VERTU DE MANDATS DE JUSTICE.		
Mandats d'amener.............		
Mandats d'arrêt.............		
Extrait de jugement.............		
Contrainte par corps.............		
Ordonnance de prise de corps............		
III. EN VERTU DE SIGNALEMENTS DÉLIVRÉS PAR L'AUTORITÉ MILITAIRE.		
Déserteurs des armées de terre et de mer........		
Insoumis des armées de terre et de mer........		
Militaires des armées de terre et de mer absents illégalement............		
TOTAUX.............		
TOTAL GÉNÉRAL...		

SITUATION NUMÉRIQUE DES DÉSERTEURS ET INSOUMIS.

	Déserteurs.	Insoumis.
A rechercher au 1er.............		
Signalés pendant le mois.............		
TOTAUX.............		
Rayés pendant le mois.............		
RESTE au 1er.............		

SITUATION NUMÉRIQUE DES INDIVIDUS auxquels défense est faite de paraître dans une des communes de la circonscription de la brigade.

Individus auxquels une des communes de la circonscription de la brigade est interdite au 1er.	
Arrivés depuis cette époque.............	
Rayés pendant le mois.............	
RESTE au 1er.............	

NOMBRE DE PROCÈS-VERBAUX RÉDIGÉS.	Dus à l'initiative.	Sur plaintes, dénonciations, réquisitions.
I. CRIMES.		
Fabrication ou émission de fausse monnaie......		
Meurtres ou tentatives.............		
Menaces d'attentat contre les personnes........		
Viols ou tentatives, attentats à la pudeur........		
Vols qualifiés.............		
Incendies volontaires.............		
Tentatives ou menaces d'incendie.............		
Autres crimes de toute nature.............		
II. DÉLITS.		
Rébellion, outrages et violences envers les dépositaires de l'autorité et de la force publique......		
Usurpation de titres ou fonctions. Port illégal d'uniformes et de décorations..........		
Menaces de voies de fait ou violences contre les personnes............		
Blessures et coups volontaires, voies de fait ou violences contre les personnes. Rixes........		
Port d'armes prohibées.............		
Homicides, blessures et coups involontaires......		
Outrage public à la pudeur.............		
Vols, escroqueries, abus de confiance, filouterie...		
Entraves à la liberté du travail avec violences, voies de fait ou menaces............		
Contrebande de toute nature.............		
Ambulants, forains, nomades.............		
Espionnage.............		
Étrangers.............		
Saisies de toute nature.............		
Roulage.............		
Circulation des automobiles.............		
Ivresse publique.............		
Chasse.............		
Pêche.............		
Délits forestiers.............		
Délits ruraux.............		
Autres délits de toute nature.............		
III. CONTRAVENTIONS.		
Roulage et grande voirie.............		
Circulation des automobiles.............		
Circulation des vélocipèdes.............		
Police des débits de boissons.............		
Ivresse publique.............		
Mauvais traitements envers les animaux domestiques.............		
Étrangers, nomades, forains, ambulants............		
Art. 471 du Code pénal.............		
Art. 475 du Code pénal.............		
Art. 479 du Code pénal.............		
Arrêtés divers.............		
IV. DIVERS.		
Morts ou blessures accidentelles.............		
Suicides.............		
Incendies accidentels.............		
Défaut de patente.............		
Recherches en vertu de mandats de justice.............		
Recherches en vertu de signalements délivrés par l'autorité militaire.............		
Renseignements divers. { À l'autorité militaire............. / À l'autorité administrative.... / À l'autorité judiciaire.............		
Autres faits de toute nature.............		
TOTAUX.............		
REPORT des procès-verbaux d'arrestation...		
TOTAL GÉNÉRAL...		

A , le *Le chef de brigade,*

Contrôle du service et examen sur place du bon ordre par le chef de brigade.

DATES.	OBJET,	REMARQUES.

Pages blanches destinées aux observations
des officiers et aux explications de divers échelons.

<table>
<tr><td>

Format : 10/15,5.

ARRONDISSEMENT

—

BRIGADE

</td><td align="right">

MODÈLE N° 7 *bis*
de la brigade,
modifié les 28 août 1918
et 31 mars 1924.

—

Art. 55 sur le règlement
du service intérieur.

</td></tr>
</table>

BULLETIN DE SERVICE

Service du   19 .

ITINÉRAIRE (1).	MODIFICATION D'ITINÉRAIRE EN COURS DE ROUTE LE CAS ÉCHÉANT.

A   , le

Le Commandant de brigade,

(1) Il est établi, pour chaque service externe, un bulletin qui est rempli par le commandant de la brigade au moment du départ, et le soir s'il s'agit d'un service de nuit.

Les modifications nécessitées en cours de route sont portées à l'encre rouge et les causes en sont indiquées ci-contre.

ORDRES SPÉCIAUX DONNÉS PAR LE CHEF DE BRIGADE et missions particulières à remplir.	COMPTE RENDU AU RETOUR.
(Signature.)	(Signature.)

Format : 31/20.

MODÈLE Nº 8
de la brigade.

Annexe I du règle-
ment sur le service
intérieur.

GENDARMERIE NATIONALE.

e LÉGION.

COMPAGNIE d

SECTION d

BRIGADE d

REGISTRE DES FOURRAGES

Le présent registre, contenant   feuillets, celui-ci compris, a été coté
et paraphé par nous   commandant la section.

A   , le   19

Ce registre est destiné à l'inscription :

1° Des quantités de rations de fourrages livrées, à titre d'approvisionnement, dans les magasins des brigades, soit par les comptables, soit par les entrepreneurs du service des fourrages. Cette inscription doit être faite aussitôt après la reconnaissance et la réception des denrées livrées ;

2° Des denrées *réellement* consommées. Toutes les économies de fourrages, quelle que soit leur origine, doivent profiter à l'Etat, dont elles sont la propriété exclusive ;

3° Des excédents ou manquants régulièrement constatés par les recensements ;

4° Des pertes occasionnées par des événements de force majeure immédiatement constatés par les procès-verbaux des autorités compétentes.

La ration doit être donnée complète ; aucune modification ou substitution ne peut y être apportée en dehors des cas prévus par le service intérieur.

DATES.	NATURE DES OPÉRATIONS.	RATIONS.				OBSERVATIONS.
		Foin. — kil.	Paille. — kil.	Avoine. — kil.	Son. — kil.	
	ENTRÉES.					
	ToTAUX des entrées pendant le trimestre..................					
	DISTRIBUTIONS A LA CHARGE DE L'ÉTAT.					
	Distributions pendant les mois de { Janvier... Février... Mars.....					
	SORTIES DIVERSES.					
	ToTAUX des sorties pendant le trimestre..................					
	DIFFÉRENCE à reprendre au premier jour du trimestre suivant					

CERTIFIÉ par le Commandant de la brigade,

Signé :

Vu et vÉRIFIÉ par le Commandant de section,

Signé : M.

Vu : le Commandant de la compagnie,

Signé :

CIRCONSTANCES qui ont motivé les observations, procès-verbaux, etc., rapportés ci-contre.	OBSERVATIONS DU COMMANDEMENT OU DE L'INTENDANCE MILITAIRE. Extraits des procès-verbaux de recensement, de pertes par force majeure, etc.	SIGNATURES des autorités qui ont libellé les observations, procès-verbaux, etc.

DATES des DISTRIBUTIONS.	RATIONS DISTRIBUÉES.				
	FOIN.	PAILLE.	AVOINE.	»	»
TOTAUX des rations consommées.....					

MUTATIONS. — L'effectif au 1ᵉʳ jour du mois est de : chevaux.		
NOMS DES CAVALIERS.	GRADES.	MUTATIONS SOMMAIRES.

Format : 180/240.

MODÈLE N° 9
de la brigade.

Annexe I du règle-
ment sur le service
intérieur.

GENDARMERIE NATIONALE.

° LÉGION.

COMPAGNIE d

SECTION d

BRIGADE d

CARNET DE TOURNEES DE COMMUNES.

Ce carnet est destiné à recevoir les notes que les gendarmes ont intérêt à recueillir pour la surveillance efficace de la circonscription.

Toutes les communes de la circonscription y sont placées par ordre alphabétique; il est affecté à chacune 12 pages et plus au besoin. Le nom de la commune est inscrit en tête du feuillet.

Ce carnet doit toujours être emporté dans les services externes, patrouilles, à la résidence, etc.

Le modèle ci-contre représente les indications que reçoivent les 12 pages affectées à une commune. Après les 12 pages consacrées à cette première commune, d'autres, pareillement distribuées, sont affectées à une deuxième, et ainsi de suite pour toute la circonscription de la brigade.

(Nom de la commune.)

GARDES CHAMPÊTRES.   *(Première page.)*

(NOMS ET PRÉNOMS, DATE DE NAISSANCE, CAPACITÉ.)

Victor-Jean (né le.............), intelligent, bon garde.

(Au bas de la 1ʳᵉ page) HEURES FIXÉES POUR LA FERMETURE
DES LIEUX PUBLICS.

Arrêté du Maire (ou du Préfet) du   19 .

En été à 10 heures.
En hiver à 9 heures

═══════════════════════

(Commune de ....) INDIVIDUS A RECHERCHER EN VERTU   *(2ᵒ page.)*
DE MANDATS DE JUSTICE OU DE SIGNALEMENTS.
(Signalement sommaire.)

═══════════════════════

(Commune de ....) DÉSERTEURS ET INSOUMIS SIGNALÉS.   *(3ᵉ page.*
(Signalement sommaire.)

═══════════════════════

Commune de ......) INDIVIDUS AUXQUELS DÉFENSE EST FAITE *(4ᵉ page).*
DE PARAITRE DANS LA COMMUNE.
(Signalement sommaire.)

4ᵉ page

Nom de la commune)   **GENS A SURVEILLER.**   (5ᵉ *page.*)
(Indiquer les motifs.

(............)   **LÉGIONNAIRES**   (6ᵉ *page.*)
ET DÉCORÉS DE LA MÉDAILLE MILITAIRE.

(............)   **MILITAIRES EN CONGÉ**   (7ᵉ *et* 8ᵉ *pages.*)
OU EN PERMISSION.

............)   **HAMEAUX, FERMES ET MAISONS ISOLÉES.**   (9ᵉ *page.*)

Notes diverses.

(............)   **TITULAIRES DE GRATIFICATION**   (10ᵉ *page.*)
DE RÉFORME.

AUTRES RENSEIGNEMENTS.   (11ᵉ *page*)

Format : 31/20

MODÈLE N° 10
de la brigade.

—

Annexe 1 du règle-
ment sur le service
intérieur.

GENDARMERIE NATIONALE.

LÉGION.

COMPAGNIE d

SECTION d

BRIGADE d

REGISTRE DES COMPTES INDIVIDUELS.

Le présent registre, contenant   feuillets, a été coté et paraphé
par nous   commandant la section.

A   , le   19   .

NOTA. — On inscrira sur ce registre toutes les recettes et dépenses imputées par le trésorier
ainsi que celles résultant des comptes particuliers de la brigade.
Le commandant de brigade devra y figurer comme les autres hommes.

Mois de juin 19 .

COMPTE PARTICULIER
du

DÉPENSES.	fr. c.

Retenu pour la masse (incomplète).
Id.   pour les frais d'écurie.....
....
....
....
....

TOTAL des dépenses.......

Après avoir vérifié l'exactitude du présent
compte, je reconnais avoir reçu la somme
de (en toutes lettres).

RECETTES.	fr. c.

Solde.............................
Frais de bureau.................
Indemnités de service extraordinaire
Indemnité pour escorte...........
Produit de la vente des fumiers (
  journées).....................
....
....
....

TOTAL des recettes....
REPORT des dépenses.

RESTE à payer....

Format : 215/160.

MODÈLE Nº 11
de la brigade.

—

Annexe I du règle-
ment sur le service
intérieur.

GENDARMERIE NATIONALE

e Légion.

COMPAGNIE D

SECTION D

BRIGADE D

CARNET

de transfèrements.

Le présent carnet, contenant   feuillets, a été coté et paraphé par
nous,   , commandant la section.

A   , le   19

Il est tenu autant de carnets qu'il est nécessaire pour les escortes des prisonniers.

DATES DES TRANSFÈREMENTS. — NOMS ET GRADES des chefs de brigade et gendarmes qui les ont opérés.	.ORDRES DE TRANSFÈREMENT ET REÇUS.
	Les militaires désignés ci-contre conduiront à les nommés (noms, prénoms, lieu de naissance, profession) prévenus ou inculpés de (*indiquer le motif*) avec les procès-verbaux, pièces à conviction et autres objets les accompagnant (*en indiquer le nombre en toutes lettres*). Le Commandant de la brigade, Reçu l'ordre, les pièces et objets mentionnés ci-dessus. (**Signatures** des gendarmes chargés du transfèrement.) Nous soussignés gendarmes de la brigade de (ou gardien chef de la maison d'arrêt de , ou adjudant de semaine du ᵉ régiment etc...) certifions (*ou* certifie) avoir reçu de la brigade de les prisonniers ci-dessus désignés ainsi que toutes les pièces qui les accompagnent. A , le 19 .

Format : 31/20.

MODÈLE N° 12
de la brigade.

Annexe I du règle-
ment sur le service
intérieur et circu-
laire du 26 jan-
vier 1921.

GENDARMERIE NATIONALE.

* LÉGION.

COMPAGNIE D

SECTION D

BRIGADE D

FOLIOS SANITAIRES.

(1) Nom, prénoms, date de naissance :

Date d'admission dans l'arme :

MALADE à la chambre		A L'HOPITAL.		EN CONGÉ de convalescence		DIAGNOSTIC.	OBSERVATIONS. — Indiquer les circonstances de la blessure ou les commémoratifs de la maladie (2) ou de l'infirmité.
du	au	du	au	du	au		

(1) En cas de mutation le folio suit le militaire.
(2) Rectificatif du 2 décembre 1925, *B. O.*, p. 3298.

MALADE à la chambre.		À L'HOPITAL.		EN CONGÉ de convalescence		DIAGNOSTIC.	OBSERVATIONS. — Indiquer les circonstances de la blessure ou les commémoratifs de la maladie (1) ou de l'infirmité.
du	au	du	au	du	au		

(1) Voir renvoi (2) de la page 108.

Format : 34/20.

Modèle N° 13
de la brigade.

Annexe I du règle-
ment sur le service
intérieur.

GENDARMERIE NATIONALE.

^e LÉGION.

COMPAGNIE D

SECTION D

BRIGADE D

FOLIOS D'INDISPONIBILITÉ *(chevaux)*

(1) Nom du cheval :

NOM du DÉTENTEUR.	INDISPONIBLE.		A L'INFIRMERIE		MALADIES.	ORIGINE.	OBSERVATIONS.
	du	au	du	au			

(1) En cas de mutation le folio suit le cheval.

NOM du DÉTENTEUR.	INDISPONIBLE		A L'INFIRMERIE		MALADIES.	ORIGINE.	OBSERVATIONS.
	du	au	du	au			

Format : 215/160.

MODÈLE Nº 14
de la brigade.

Annexe I du règle-
ment sur le service
intérieur.

GENDARMERIE NATIONALE.

SECTION D

BRIGADE D

REGISTRE A BARRETTES

des légionnaires et des médaillés.

Feuille de tête.

NOTA. — En cas de changement de résidence ou de domicile, le folio est adressé au commandant de section qui le transmet à celui du nouveau domicile.

En cas de décès, le folio est adressé au commandant de compagnie. Cet envoi tient lieu de compte rendu.

Les folios sont classés par ordre alphabétique.

Format : 215/160.

GENDARMERIE NATIONALE

(1) Nom et prénoms.

MODÈLE Nº 14
de la brigade.

Annexe I du règlement sur le service intérieur.

LÉGIONNAIRE ou MÉDAILLÉ militaire, qui a reçu sa décoration avec droit au traitement, domicilié dans la circonscription de la brigade.

M(1)

GRADE, CORPS OU SERVICE.	EN ACTIVITÉ ou non-activité, en réforme, en retraite, ou toute autre position.	GRADE dans l'ordre et date de nomination à ce grade.	DOMICILE, DATE ET LIEU DU DÉCÈS.	(Dates des mutations.)

Format : 215/160.

(1) { Membres de la Légion d'honneur ou décorés de la Médaille militaire.

TABLE

des (1) (membres de la Légion d'honneur ou décorés de la Médaille militaire), *inscrits à la brigade.*

NOMS.	DATES D'INSCRIPTION.	DATES DE RADIATION.

MODÈLES

prévus par les décrets portant règlement sur l'organisation
et le service de la gendarmerie départementale.

• LÉGION.

MODÈLE N° 10¹ (*a*)
ancien modèle n° 1.

FORMAT : 31 × 20
(feuille double).

GENDARMERIE NATIONALE.

Instruction
du 27 juin 1929.

(1)

Compagnie.

Nom.

Prénoms.

Profession.

Dernier corps où le candidat a servi.

Grade dans la troupe.

Admis par décision ministérielle du...

MÉMOIRE
DE PROPOSITION POUR L'ADMISSION

à un emploi de (2) :
gendarme (3)
garde républicain de Paris (3)
garde républicain mobile (3)
en faveur de

fils de et *de*
né à , *département d*
, *le*

État-civil :

Total des services dans la troupe...............	
Campagnes...............	
Blessures { de guerre.... / en service commandé.	

Aptitude physique	Taille...........	
	Constitution	
	Aptitude équestre	

Instruction (4)..........	
Conduite (5)...........	
Moyens pécuniaires pour l'équipement.........	

==========

\Pièces jointes au présent mémoire.

1° Demande du candidat.

2° Extrait de l'acte de naissance sur papier libre.

3° Etat signalétique et des services.

4° Certificat médical modèle n° 10⁴.

5° Relevé des punitions.

6° Bulletin n° 2; extrait du casier judiciaire.

7° Dictée de 30 lignes et opérations sur les 4 règles de l'arithmétique.

8° Rapport du commandant de brigade.

9° Eventuellement, extrait de l'acte de mariage sur papier libre.

10° Eventuellement, acte de notorité.

11° Eventuellement, attestation du corps au sujet du pécule.

---

(1) Si le candidat est libéré depuis moins de six mois, porter la mention « a été » ou « n'a pas été » proposé par son ancien corps.

(2) Rayer la mention sans objet.

(3) A pied ou à cheval.

(4) Indiquer si le candidat parle, écrit une langue étrangère, notamment l'allemand, l'italien, l'espagnol, l'arabe ou en idiome habituel à telle ou telle région.

(5) Mentionner que le certificat de bonne conduite a été présenté au commandant de la compagnie. Faire suivre de l'appréciation de la conduite et de la moralité résultant du rapport du commandant de la brigade.

ÉTABLI ET CERTIFIÉ :

A , le 19

Le Chef d'Escadron Commandant la compagnie,

VÉRIFIÉ ET TRANSMIS :

A , le 19

Le Colonel Commandant la légion,

(*a*) Instruction du 27 juin 1929, (volume 39¹) modifié le 6 mai 1930.

Format : 31×20.

GENDARMERIE NATIONALE.

——

Modèle n° 10⁴
ancien n° 2 et n° 3.

—

Article 10 du décret
du 1ᵉʳ décembre
1920 sur l'organi-
sation de la gen-
darmerie.

CERTIFICAT MÉDICAL.

——

Nom et prénoms du candidat :
Taille : un mètre   centimètres (1).
Aptitude générale au service de la gendarmerie (2) :

Aptitude équestre des candidats à l'arme à cheval provenant des troupes
non montées (3) :

A   , le

Le (4)

(Signature.)

Le Chef d'escadron commandant la compagnie de
certifie que le candidat ci-dessus dénommé a été examiné en sa présence.

(Signature.)

---

(1) Article 10 du décret du 1ᵉʳ décembre 1928 sur l'organisation de la
gendarmerie. Ce toisé est définitif et n'est plus à vérifier par la suite.
(2) Instruction du 30 janvier 1925 (*B. O.*, É. M., vol. 682).
(3) Article 10 de l'instruction du 27 juin 1929 sur l'organisation de la
gendarmerie.
(4) Grade, emploi et nom du médecin qui délivre le certificat.

Format : 31/20.

e LÉGION.

COMPAGNIE d

SECTION d

MODÈLE Nº 4.
(Ancien nº 7.)

Art. 77 du décret
sur le service de la
gendarmerie.

DÉPÊCHES PORTÉES PAR LA GENDARMERIE.

DATE des TRANSPORTS.	AUTORITÉS		NOMBRE des DÉPÊCHES.	NOMS ET RÉSIDENCES DES GENDARMES qui ont été expédiés.	OBSERVATIONS.
	QUI ONT REQUIS les transports.	AUXQUELLES LES DÉPÊCHES ont été adressées.			Rendre compte de la réquisition, de l'urgence du transport et de l'impossibilité de le faire par les moyens ordinaires.

Ce compte rendu est immédiatement adressé aux Ministres de la guerre et de l'intérieur *par l'intermédiaire du chef de légion*, à qui il est envoyé en même temps une copie de la réquisition

Certifié par le Commandant de la section,

A , le 19

Format : 31/20.

GENDARMERIE

NATIONALE.

MODÈLE Nº 5.
(Ancien nº 8.)

Art. 88 du décret
sur le service de la
gendarmerie.

e LÉGION.

COMPAGNIE

d

SECTION

d

TABLEAU SOMMAIRE des arrestations opérées et des crimes, délits et événements constatés par les brigades de la dite section, du au 19 .

BRIGADES qui ONT OPÉRÉ.	DATES des procès-verbaux.	NOMS, PRÉNOMS, AGE des individus arrêtés.	LIEUX de naissance. département.	PROFES-SIONS.	MOTIFS des ARRESTATIONS.	AUTORITÉS devant lesquelles ils ont été conduits et décisions de ces autorités.
		ARRESTATIONS.				

NOTA. — Ce tableau est envoyé tous les cinq jours au préfet ou au sous-préfet. Il n'est pas fourni lorsqu'il doit être négatif.

BRIGADES QUI ONT OPÉRÉ.	DATES des procès-verbaux	ANALYSE DES CRIMES, DÉLITS ET ÉVÉNEMENTS DIVERS constatés par des procès-verbaux.

A   , le   19

Le   *commandant l*

Format : 31/20.

° LÉGION.

—

COMPAGNIE

d

—

SECTION

d

(†) De brigade en brigade ou en chemin de fer.

Gendarme d'escorte.

chef.

Le Commandant
de la section,

MODÈLE Nº 6.
(Ancien nº 9.)

—

Art. 245 du décret sur le service de la gendarmerie.

GENDARMERIE NATIONALE.

ORDRE DE CONDUITE.

Le   commandant l
ordonne au   en résidence à
de faire extraire de la   de cette ville,
et conduire (1)
devant

SIGNALEMENT.

DÉTAIL DES PIÈCES

JOINTES AU PRÉSENT ORDRE.

La plus grande surveillance est recommandée aux chefs de brigade et gendarmes successivement chargés de l'escorte de ce

Il leur est expressément défendu de laisser boire en route aucune liqueur spiritueuse aux individus transférés. Ils se rappelleront sans cesse que les lois les rendent responsables des prisonniers confiés à leur garde, et ils s'attacheront à remplir scrupuleusement les devoirs qui leur sont imposés, pour l'exécution de ce service, par le décret du 20 mai 1903, en conciliant, autant que possible, les mesures à prendre pour prévenir et empêcher les évasions, avec les égards que l'humanité réclame.

Dans les cas d'évasion d'un ou plusieurs prisonniers, le commandant de l'escorte doit dresser sur-le-champ un procès-verbal pour constater toutes les circonstances de la fuite, et l'adresser immédiatement, avec les pièces, au commandant de la gendarmerie de la section, sans négliger les recherches et poursuites pour atteindre les évadés. Le procès-verbal doit toujours faire mention des noms des gendarmes qui étaient chargés de la conduite.

Les moindres infractions ou omissions à cet égard rendraient les chefs de brigade et gendarmes passibles de peines sévères.

A .   le   19   .

OBSERVATIONS.

La gendarmerie doit veiller à la conservation des fournitures d'habillement qui auraient été faites aux prisonniers par les autorités civiles ou militaires, et prendre toutes les mesures nécessaires pour qu'il ne soit détérioré ni détourné aucun des effets pendant la route, et principalement dans les lieux de gîte.

Lorsqu'un individu est signalé comme dangereux, on en fait mention en marge par une note à l'encre rouge.

NOTA. — La copie de l'ordre, du mandat ou de la réquisition, certifiée par le commandant de section, est reproduite au verso de l'ordre de conduite.

Format : 250/176 ou 31/20
(suivant le cas).
Marge de 0ᵐ.04.
Circulaire ministérielle
du 26 décembre 1904.

e LÉGION.

COMPAGNIE

d

SECTION

d

BRIGADE

d

Nᵒˢ de { la brigade...
{ l'arrond'.....

Du   19   .

PROCÈS-VERBAL
CONSTATANT
EXPÉDITION.

Le

19 .

Nota. — Lorsqu'il y a
lieu de donner un signa-
lement, il est placé à la
suite du procès-verbal,
après les signatures.

L'emploi de formules im-
primées peut être toléré
pour les contraventions,
arrestations en vertu de
contraintes par corps, recherches, etc., mais seulement lorsqu'il n'y a pas de
faits particuliers à relever
et sous réserve de la non-
opposition des autorités
intéressées. Il en est de
même pour les arrestations
d'insoumis et de militaires
déserteurs ou absents illé-
galement.

Vu, transmis par le Commandant de l'arrondissement,

GENDARMERIE
NATIONALE.

MODÈLE Nº 7.
(Ancien nº 10.)

Article 292 du décret sur
le service de la gendar-
merie.

Cejourd'hui   mil neuf cent
            , à   heures   du
Nous soussigné

gendarme a   à la résidence d
département d   , revêtu de notre
uniforme, et conformément aux ordres de nos chefs.

Format : 31/20.

• LÉGION.
—
COMPAGNIE
—
d
—
SECTION
d

GENDARMERIE
NATIONALE.

ÉTAT des contraventions constatées par les brigades de la section pendant la ° quinzaine du mois d   19 .

MODÈLE n° 8.
(Ancien n° 11.)
—
Article 81 du décret sur le service de la gendarmerie.

BRIGADES qui ont rédigé les procès-verbaux.	DATES des procès-verbaux.	NOMS, PROFESSIONS et DOMICILES des contrevenants.	NATURE des CONTRAVENTIONS.	AUTORITÉS auxquelles les procès-verbaux ont été adressés et suite qui leur a été donnée.

BRIGADES qui ont rédigé les procès-verbaux.	DATES des procès-verbaux.	NOMS, PROFESSIONS et DOMICILES des contrevenants.	NATURE des CONTRAVENTIONS.	AUTORITÉS auxquelles les procès-verbaux ont été adressés et suite qui leur a été donnée.

A   , le   19 .

Le   *commandant la section,*

Format : 14/18.
Couverture moleskine
souple.

MODÈLE N° 9.
—
Art. 152 du décret du
20 mai 1903.

GENDARMERIE NATIONALE.

° LÉGION.

COMPAGNIE D

SECTION D

BRIGADE D

CARNET DE DÉCLARATIONS

tenu par le gendarme (1)

Le présent carnet, contenant 80 feuillets, a été coté et paraphé par moi
commandant la brigade

A   , le   19   .

(1) En cas de mutation du détenteur, le présent carnet sera attribué à son remplaçant

INSTRUCTION SOMMAIRE.

Les déclarations doivent être signées par le ou les gendarmes qui les re·
çoivent ainsi que par les déclarants, sans cependant qu'on puisse les y con·
traindre ; il est fait mention que lecture en a été faite au déclarant ; les sur·
charges et ratures sont approuvées.

Les procès-verbaux doivent reproduire *textuellement* les déclarations re·
çues.

Les carnets nécessaires aux gradés et gendarmes leur sont fournis gra·
tuitement au compte de la masse d'entretien et de remonte ; ils sont classés
aux archives une fois terminés.

Outre les déclarations, on note sur ces carnets les autres renseignements
nécessaires pour la rédaction des procès-verbaux, tels que états des lieux,
constatations de toutes natures faites par les gendarmes, identité des délin·
quants et contrevenants.

NUMÉROS DES P. V. — Analyse très sommaire.	DÉCLARATIONS REÇUES ET CONSTATATIONS FAITES.
	A (lieu) , le (date) (papier réglé)

TABLE CHRONOLOGIQUE.

Modèles prévus par le décret
portant règlement sur le service intérieur de la gendarmerie départementale.

TABLE

1° RAPPORTS, ÉTATS, ETC.

2° REGISTRES.

Registres communs.

Registres spéciaux à la section.

Registres spéciaux à la brigade.

Modèles prévus par le décret portant règlement sur l'organisation et le service de la gendarmerie.

N° 04. — CHARLES-LAVAUZELLE ET Cⁱᵉ. — PARIS, LIMOGES, NANCY. — 1930.

www.ingramcontent.com/pod-product-compliance
Lightning Source LLC
LaVergne TN
LVHW020650200726
843508LV00002B/713